Listen!

The Art of Effective Communication

倾听

美国卡内基训练机构
（Dale Carnegie & Associates）著
周芳芳 译

中信出版集团 | 北京

图书在版编目（CIP）数据

倾听 / 美国卡内基训练机构著；周芳芳译 . -- 北京：中信出版社，2020.8（2022.6重印）

书名原文：Listen!:The Art of Effective Communication

ISBN 978-7-5217-1931-4

Ⅰ . ①倾… Ⅱ . ①美… ②周… Ⅲ . ①心理交往—通俗读物 Ⅳ . ① C912.11-49

中国版本图书馆 CIP 数据核字（2020）第 091485 号

倾听

著　　者：美国卡内基训练机构
译　　者：周芳芳
出版发行：中信出版集团股份有限公司
（北京市朝阳区惠新东街甲 4 号富盛大厦 2 座　邮编　100029）
承 印 者：中国电影出版社印刷厂

开　　本：880mm × 1230mm　1/32　　印　　张：8　　字　　数：110 千字
版　　次：2020 年 8 月第 1 版　　印　　次：2022 年 6 月第 5 次印刷
京权图字：01-2020-3365
书　　号：ISBN 978-7-5217-1931-4
定　　价：59.00 元

你能够给予他人最好的礼物，就是让自己变得更加优秀。要做到这一点，首先，你需要成为一个更优秀的倾听者。

乔·哈特，
美国卡内基训练机构总裁兼 CEO（首席执行官）

目录

第三部分　沟通为何失败

第四部分　掌握有效倾听的技巧

前　言

成为更优秀的倾听者

你的“倾听偶像”是谁？我有幸认识很多善于倾听的人，但在我的心目中，我一直把戴尔·卡内基视作我的倾听偶像。童年时期，我就热衷于卡内基的思想和哲学，我的父母还给了我一本卡内基的书——《人性的弱点》。

戴尔·卡内基之所以成为我的偶像，有很多理由。首先，他是一名开拓者。卡内基出生在密苏里州一个贫困的农民家庭，但贫穷没有阻挡他成功的脚步，经过不懈的努力，他成为他所在的那个时代（乃至我们这个时代）最有影响力的人之一。随着对他个人以及他作为一位领导者的事迹的了解，我对他的钦佩之情也与日俱增。卡内基有自己的处世原则，他不仅利用这些原则改善了自己的生活，还影响了无数人。时至今日，《人性的弱点》依然是世界最畅销的图书之一。此外，卡内基创立的“卡内基训练”已经发展成为享誉全球的个人发展及企管训练的领导品牌，其培训基础就是卡内基思想。

卡内基思想真正对我的生活产生影响是在 1995 年，那年我参加了为期 12 周的美国卡内基训练课程，自此，我的生活发生了巨大改变。当然，思想本身并不会改变人们的生活，要想发挥这些思想原则的作用，就必须把它们应用到实践中。我知道，要想真正改变自我，我必须把在该课程中掌握的一切运用到实践中。

我的改变显而易见。周围的亲友和同事都觉得我变得更加自信了，对他人更加友好了，也更愿意主动和他人交往了。我很喜欢这个“全新的我”，也变得更愿意学习和运用卡内基的思想。因为对这个课程的热衷和喜爱，毕业后，我成了卡内基训练机构的一员，现任美国卡内基训练机构总裁兼 CEO，以帮助更多人改变自我。

当你改变自我时，你的生活也会随之发生改变。而当你改变了自己的生活，你就是在一点一滴地改变世界。你不仅会影响到你身边的亲友和同事，整个世界也会因你发生改变。

毫无疑问，当一个人获得发展后，他与人交流的方式也会发生变化。在工作中，这种变化每天可见。当我在世界巡讲，与我们的团队、参与者和毕业生见面时，我亲眼见证了个人发展给世界带来的影响，这激发了我带着更大的激情投身到自己所做的工作中。

于是，今天有了《倾听》这本书。如果你想改变你的生活，那么，学会如何用心倾听他人很可能是最有用的技巧了。我们并不是要通过倾听“获得”什么，而是要通过倾听对我们所做的事情有一个“服务的心态”。要想为他人做些什么，最佳方法就是用心倾听。

刚加入卡内基训练机构时，我的目的只有一个，那就是倾听，了解公司内外的人是如何谈论我们公司的。在倾听过程中，我运用了本书介绍的概念和原则。正是这些概念和原则，让我真正理解了何为一个优秀的倾听者。

当然，所有的个人发展都是一种进化。虽然和几年前相比，我现在更善于倾听，但几年后，在倾听方面，我相信我一定会变得更加优秀。常言道:“唯一不变的就是变化。不进则退。”本书所介绍的概念和原则值得你付出激情和努力，持续应用这些原则，将会给你的生活带来意想不到的成功。

阅读本书时，建议你认真思考书中呈现的想法，然后看看如何学以致用，把它们应用到你的生活中去。成为一个优秀的倾听者对你来说意味着什么？你的生活会发生怎样的改变？你又会给他人的生活带来哪些改变？你将会成为谁的倾听偶像？

阅读本书会带给你无限乐趣。你能够给予他人最好的礼物，就是让自己变得更优秀，而要做到这一点，首先，你需要成为一个更优秀的倾听者。

乔·哈特

美国卡内基训练机构总裁兼 CEO

序

倾听的艺术

在他人心目中，我是一个谈话高手。事实上，我只是善于倾听，愿意听他们吐露自己的心声。

——戴尔·卡内基

橙子困境

两个少年正在争吵。只有一个橙子了，但他们都想要。

“我要这个橙子。”

“我也要。”

他们的妈妈听见他们的争吵，走过来看看怎么回事。“你们为什么不切开，一人一半？”

但两个孩子都坚称：“不行，我要整个橙子。”

他们设想了无数种“公平的”方法来决定谁应该得到这个橙子——石头剪子布、掷硬币、抽签……但就谁该得到这个橙子，他们始终无法达成一致。

听了这一切后，他们的妈妈说："说说你们为什么想要这个橙子？"

"我要用橙汁做奶昔。"

"我要用橙皮做蛋糕。"

说完，两个孩子看了一下彼此，大笑起来。他们两个都可以得到整个橙子——因为一个人需要橙汁，一个人需要橙皮。由于他们的妈妈提出了正确的问题，他们也倾听了彼此的回答，一个原本看似无解的困境便因此迎刃而解。

倾听的艺术

类似的情况，你遇见过多少次？两个人都想要一个东西，但似乎只能满足一个人。这类冲突比比皆是，它可能发生在家庭成员之间，也可能发生在同事之间。

如果冲突双方换个角度思考一下，又会怎么样呢？有没有一种方法，不仅能够缓和冲突，加强人与人之间的关系，而且还能让你退一步，以更高的视角看问题？有没有一种方法，能让你和每个人的关系都变得更和谐呢？当然有，那就是倾听。

要想与他人和谐相处，就要学会倾听。

单纯听是不够的。倾听不是让你坐在那儿，一边漫不经心地说“嗯，嗯，你觉得怎么样”，一边心里想着自己如何回答。你必须知道，该问什么问题、如何有效地倾听、听懂后要怎么解决。你必须设身处地地站在他人的立场、了解他们的看法。

有效倾听的能力不是与生俱来的，没有人天生就擅长倾听。一个正在蹒跚学步的孩子不会问：“吉米，你要这个橙子做什么？”有效倾听是一门可习得的艺术。那么，为什么是艺术，而不是创造性实践？当你用心倾听他人谈话时（倾听的内容不仅包括他所说的话语，也包括整个交流语境），你与说话者之间会建立一种关系。这种关系可能会持续 5 分钟，也可能会持续 50 年。事实是，沟通能够创造人与人之间的联系，也能毁掉一段关系。

这就是为什么美国卡内基训练机构推出此书的原因。虽然有效倾听是一门艺术，但它同时也是一种技巧。画家或者雕塑家要想掌握绘画或者雕塑技术，就需要不停地学习、训练和重复。倾听也一样，要想成为一个优秀的倾听者，你也需要学习、训练和重复。一旦你行动起来，一个全新的世界将会向你打开。在这个世界中，你不仅能够理解人们的言下之意，也能理解他们的言外之意。在这个世界中，与人沟通时，你能够控制自己的脾气和负面情绪，知道如何避免矛盾升级。一旦你知道如何倾听，和你交流的人也会感觉到你的用心倾听，相应地，他也会更乐于听你诉说。学会了倾听，你就掌握了交流的艺术。

倾听和听见的区别

读到这儿，你也许会说："我已经是一个优秀的倾听者了，我可以一字不差地复述别人告诉我的每一个字。"

倾听和听见之间有很大的区别。没错，也许你的确可以听见某个人说的话，并准确复述，但这就意味着你认真倾听了吗？未必。

听见是一种不由自主的行为，是说话声音产生振动冲击耳膜的过程。很多时候，即使你不想听见，也无法堵住耳朵。

倾听不仅包括听见，还包括理解。倾听是一项参与性活动，有效倾听需要你的积极参与和互动。倾听需要你集中注意力并增强意识，这样你才会理解你所听到的并赋予其意义。

我们都有过这样的经历：在谈话中，对方可以准确复述我们说的话，但很多时候，他们并不知道我们要表达的意思。

例如，两个朋友坐在一起谈论工作。一个人在 IT 领域工作，而另一个不是。

在 IT 领域工作的人说："我们的工作非常酷。我们正努力研发一个全新的 SSL VPN 解决方案。有了这个方案，我们不仅可以增强 BYOD 的移动性，而且能够实现无缝连接，保护我们的企业资源。真想立刻就看到成果。"

而不在 IT 领域工作的人可能能够重复他所听到内容，如"SSL""VPN""BYOD 的移动性"，但是，除非他知道这些专业术语，否则他根本不知道朋友在说什么，不知道朋友的话是什么意思。重要的不仅仅是这些专业术语。当他谈论这些术语时，他的朋友会有什么感觉？这些信息对他来说意味着什么？这些同样很重要。因为，当某个人在说话时，你虽然听到了他说的每个词，但并不意味着你真正在听，也不能说明你明白了他的话。

小测试："你能倾听我吗？"

很多人认为自己善于倾听。事实上，一项针对管理者的全方位调查（管理者的上司、同事以及下属对其进行全方位评估）表明，在是否善于倾听的评估中，管理者的自我认知和他人的评估之间存在很大差距。换句话说，你可能自认为是一个出色的倾听者，但事实确实如此吗？

你可能自认为是一个出色的倾听者，但事实确实如此吗？

下面的自我评估测试，可以帮助你有效了解自己的倾听能力。

认真阅读下列问题，按照下面的评分标准，根据自身情况如实回答问题。

从不　极少　偶尔　经常　频繁

1. 在和他人打电话时，我会一边听电话，一边回邮件或者编辑短信。

2. 听他人讲话时，我会心烦，而且容易情绪化。

3. 交流中，如果不说话，我就会不舒服。

4. 在别人说话时，如果我有相关的事分享，我会打断别人先说，然后再让他们继续。

5. 在和我谈话时，不知道为什么，对方似乎会感觉心烦。

6. 为了让谈话继续下去，我会问可用“是”或“否”回答的简单问题。

7. 我“唱反调”，是为了帮助说话者换个角度看看他们自己说的话。

8. 如果有人不停地重复一件事，我会直接说出他们的心中所想，让他们闭嘴。

9. 沟通时，我会一边听别人说，一边思考自己要如何回应。

10. 我不喜欢和人谈论一些敏感话题。

11. 如果我对某件事态度十分坚决，而对方和我看法不同，我就不会和他谈论这件事。

12. 我不太重视谈话的环境和肢体语言，对我来说，重要的是这个人实际上说了什么。

13. 当对方无法清楚表达自己的看法时，我会说出自己的建议。

14. 如果有人在我正忙时打断我，想要和我谈话，我会非常没有耐心，希望他们尽快结束谈话，我好继续忙我自己的事情。

根据下列评估等级对应的分数，计算出你的得分。

从不 = 1 分

极少 = 2 分

偶尔 = 3 分

经常 = 4 分

频繁 = 5 分

对应分数解释：

14~29：金牌倾听者

你已经是一个优秀的倾听者了，具备让说话者感觉自己被倾听的能力，人们乐于与你交谈。你感情充沛，在倾听时，能够充分关注对方的反应。请继续努力。本书有助于你更上一层楼，成为一个更高效的倾听者。

30~49：银牌倾听者

人们喜欢和你交谈，但是有时遇到你不喜欢或者令你不舒服的话题时，你会转移话题或者开玩笑。本书介绍的一些方法和技巧，可以帮助你成长，成为一个更有效的倾听者。

50~70：铜牌倾听者

如果你的得分是50~70分，那么你可能认为，和其他人相比，自己是一个不错的倾听者了。但在他人眼中，你可能是一个不太在意别人说什么且经常误解他人话语含义的人。即便如此，也不必担心，在本书中，有很多方法和技巧可以帮助你成为一个优秀的倾听者。

电话游戏模式

小时候，我们可能都玩过电话游戏：一群孩子围坐一圈，一个孩子对旁边另一个孩子低声说一句话或者一个词组（如“书在椅子下面”），然后这个孩子把他所听到的小声说给下一个孩子。最后一个听到的孩子大声说出他所听到的内容（很可能就变成了“我头发上沾了口香糖”）。这是一个很有趣的例子，从中可以明显看出，口语交流中，人们的话很容易被误解。

在这个有趣的游戏内，蕴含了一个非常有用的模式，有助于我们理解沟通的基本要素。所有沟通都包含五个要素：说话者、编码行为、消息[①]、解码行为和倾听者（见图 0–1）。

① 本书中“信息”（information）指经由感官输入和思维活动产生的抽象内容，而“消息”（message）则指向他人传递的特定内容。从信息到消息涉及编码，从消息到信息涉及解码。后文有相关叙述。——编者注

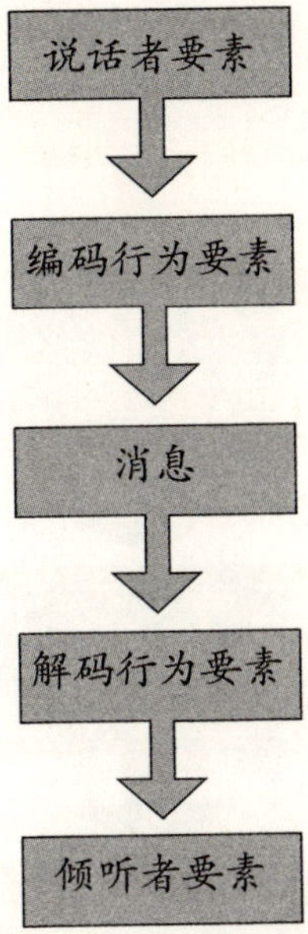

图 0–1　沟通五要素

倾听过程是一个与之完全相反的过程，下面是本书的安排顺序（见图 0–2）。

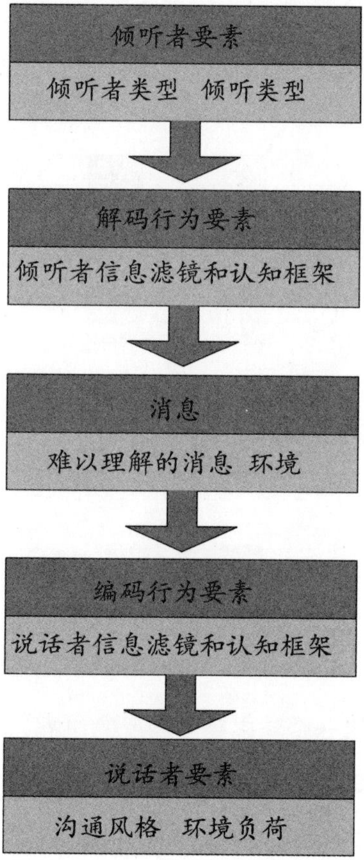
倾听者要素
倾听者类型 倾听类型
解码行为要素
倾听者信息滤镜和认知框架
消息
难以理解的消息 环境
编码行为要素
说话者信息滤镜和认知框架
说话者要素
沟通风格 环境负荷

图 0–2

此外，本书用几章专门探讨了沟通障碍和有效倾听技巧。本书最后还为大家提供了一个为期 14 天的“优秀倾听者打造”练习，通过这个练习，你可以实践你所学到的一切。

准备好了吗？下面让我们一起行动起来，成为一个优秀的倾听者吧！

谈话的艺术在于倾听。

——马尔科姆·福布斯

第一部分

倾听者要素

第 1 章

倾听者的认知框架和信息滤镜

倾听会带来改变。也许某人做的事情让你不理解，但你可以和他谈谈，听听他怎么说。

——人类学家、联合国和平使者珍妮·古道尔

巴德·阿伯特与卢·科斯特洛是美国演艺史上最成功的喜剧二人组之一，他们曾表演过一个和棒球相关的著名喜剧，完美诠释了误解是如何产生的：当一个人说某件事时，听的人理解成了另一件事。下面是这对搭档在电台节目中表演这个喜剧时的一段节选。

阿伯特：嗯，让我们看看，都各就各位了，“谁”在一垒，“什么”在二垒，“我不知道”在三垒……？

科斯特洛：那也是我想要知道的。

阿伯特：“谁”在一垒，“什么”在二垒，“我不知道”在三垒。

科斯特洛：嗯，那么，谁在一垒？

阿伯特：是的。

科斯特洛：我问的是那个家伙的名字。

阿伯特：是“谁”呀！

科斯特洛：一垒那个人。

阿伯特：“谁”。

科斯特洛：守一垒的那个家伙。

阿伯特：“谁”啊。

科斯特洛：正在打球的那个家伙……

阿伯特：“谁”守一垒！

科斯特洛：我在问你，谁在一垒？

阿伯特：这就是那个人的名字。

科斯特洛：那个人的名字是“谁”？

阿伯特：没错。

科斯特洛：好吧，继续，和我说说。

阿伯特：就这样。

科斯特洛：那是谁？

阿伯特：没错。

这个短剧滑稽可笑，但有一点很清楚——很多时候，倾听者所听到的和说话者想要表达的完全不同。在这个短剧中，科斯特洛认为“谁”是一个疑问词，而阿伯特所说的“谁”则是棒球比赛中一垒手的名字。

认知框架

我们听到的事情和说话者想要表达的意思之间之所以存在如此大的差异，原因在于一个名为“认知框架”的因素。

认知框架的概念由来已久。1955 年，研究人员格雷戈里·贝特森指出，话语本身“不存在内在含义，只有在语境和语体构成的框架内才能够获得意义”。

换句话说，如果我说：“丹佛野马赢了比赛。”这句话没有任何含义，除非听的人了解它的认知框架。丹佛在哪里？野马是什么？（是一匹马？还是其他什么？）什么比赛？他们“赢了”对我来说意味着什么？输赢有什么不同吗？

如果倾听者从来没有听说过橄榄球（美式足球）（或者更宽泛一点说，根本不知道“比赛”是什么），不知道丹佛野马是谁，也不关心他们的输赢，那么，这句话的确毫无意义。

说话者大可随意把一串词连在一起。

从儿时和父母、和周围人的第一次互动开始，我们就一直在获得各种认知框架。如果一个小孩每个周日都看见他爸爸在电视上看橄榄球比赛，那么他就会获得相应的框架。如果一个小孩经常看见他爸爸观看足球比赛，他就会形成对足球的框架。现在，想象一下，这两个孩子长大了，试图进行一场关于“足球”的对话，但他们关于“足球”这个词的框架完全不同。于是，他们之间的对话就会和阿伯特与科斯特洛的滑稽对话一样，误会连连。

认知框架是你对某个情境或话题的大概了解。

本质上，认知框架是对特定情境的“宏观”看法。这就好像你的大脑正通过镜头观察事物，但却完全没有自觉。一些事物留在了镜头里，而另一些被挡在了镜头外。倾听者只能听到或者说接收到进入框架内的事物。影响我们框架的因素有很多，如性别、教育背景、猜测、个人意念、效能感以及和他人的关系等。我们过往的经验、学习和观察到的事物，这一切构成了我们的框架。

问题是，我们的框架通常是无意识的，这意味着我们很多时候并不知道我们的经验是如何塑造我们的感知的。

下面给大家讲一个笑话，这个笑话非常有启发性，它说明了无意识的语言框架是如何影响对话的。

一位女性走进律师事务所，要求离婚。律师了解了她的背景信息后，问她："您离婚的理由[①]是什么？"

对这个问题，这位女性回答说："哦，我们有三亩地。"

"不，夫人，我的意思是，他打[②]您吗？"律师问道。

"不，我早上6点半起床，他7点才起。"这位女士答道。

律师感觉有点儿崩溃，又问道："女士，您能告诉我，您怨恨您丈夫吗？"

这位女士看起来非常自信，回答说："没错，我们有

---

① 原词为"ground"，既有理由之义，又有土地之义。——译者注

② 原词为"beat up"，既有暴打之义，又有惊动之义。——译者注

一个车库[1]。”

这时，律师彻底失去了耐心，问这位女士：“听我说，女士，您到底为什么想要离婚？”

“因为他从来不听我说话。”

在这个笑话里，律师在提问时用到的词汇，根据的是自己的法律框架，而这位女士在听到这些词汇时，如“ground”“beat up”“grudge”，是根据她自己的框架去理解意思的。

认知框架带来的偏见

认知框架虽然潜藏在意识之下，但也会导致偏见。在社交媒体上，这种现象随处可见。一道亮光划破天空，人们固有的框架会决定他们相信的事由。有人认为那是不明飞行物，政府正在掩盖证据；有人认为那是来自上帝的启示，预示着末日的来临；还有人认为，那是一颗流星穿越大气层时产生的科学现象。不管哪种情况，人们的框架都对他们的想法产

① 原词为“garage”，与上文“怨恨”的原词“grudge”发音相近。——译者注。

生了影响，同时也影响了他们对事件的解释。

你是否也有过这样的经历——听说了某件事，不由自主地进行了解释，但后来得到的信息与你所想的大相径庭？例如，你听见你的爱人在小声打电话，商量见面的细节。你依据自己的框架判断，你的爱人正计划和情人约会。但如果你还记得一周后自己过生日，那你的认知框架就会发生转变，你可能会觉得，你的爱人正计划为你准备惊喜。

下面我们来做一个小练习。当你听到下列事情时，你的第一反应是什么？

- “你吃饭了吗？”
- “哦，很遗憾你不喜欢这部电影。”
- “你想去哪儿吃晚饭？”

下面我们来看看，不同的认知框架对这几句话的解释。

- “你吃饭了吗？”

这个问题可能基于以下几种情况：邀请对方一起吃饭

（“请过来吃晚饭”）；批评对方饮食习惯（“现在已经下午 3 点了”）；询问事实情况——对方吃没吃饭。

- “哦，很遗憾你不喜欢这部电影。”

这句话可以理解为：表达歉意，因为选择了对方不喜欢的电影（“我真不该带你看言情片”）；针对对方电影品味的充满敌意的评论（“我喜欢的电影，你从来都不喜欢”）；也可能只是确认对方不喜欢这部电影。

- “你想去哪儿吃晚饭？”

这是一个十分经典的争议性问题，不管倾听者和提问者处于哪种关系，双方都经常因此产生争论。这个问题可以单纯地理解为：“告诉我。你想去哪儿吃饭，我们就去哪儿吃饭。”但，如果倾听者回答了这个问题，而提问者不喜欢倾听者做出的选择，那么，这个问题就会成为潜在冲突的开端。“去奈德餐厅怎么样？”“我们昨天刚去过奈德。”或者，也可能这个问题只是为了开启一个对话。

从这三个例子中，我们很容易看出，在倾听和回应他人时认知框架所产生的影响。我们也很容易发现，不同的变量，如性别、教育背景、与他人的关系和过往等，也会影响一个人对情境的理解。如果你和某人经常往来，那么你们之间就会形成一个框架，通过这个框架，你可以看到你和这个人之间的所有互动。

如果你和母亲之间关系紧张，那么当她问“你吃饭了吗？”时，你很可能会把这句话看作一个批评。如果你的恋人问你这句话，你则会把它视为一种邀请。同一句话，可以有完全不同的解释。

如果你和某人经常往来，那么你们之间就会形成一个框架，通过这个框架，你可以看到你和这个人之间的所有互动。

信息滤镜

这是否意味着，我们只能从这些往往潜藏在意识之下的框架中获取信息，然后根据这些带有偏见的信息行事？不，当然不是。除了认知框架，还有一个因素会对我们信息接收产生影响。那就是信息滤镜。

认知框架是对一个情景的“大局”观，而信息滤镜则是一个有意识的选择过程——让你把注意力集中在某件事上，而不是其他事上。就像摄影一样，框架决定透过摄像机镜头所能看到的内容，而滤镜则决定镜头选择关注的焦点——哪些地方需要锐化，哪些地方需要虚化，哪里明，哪里暗。

滤镜能够改变我们接收他人信息的方式。必须注意的是，滤镜无所谓好坏，它只是一种管理我们大脑中输入信息的方法。

下面这个例子，可以很好地解释信息滤镜对一个人感知的影响。有两个人走进了一个海景房。房间有一面大窗户，透过窗户，可以纵览海景。

玛丽说：“看，大海！”

比尔说：“我几乎看不见窗外，窗户上都是灰尘，应该擦擦玻璃了。”

玛丽回答说：“你能想象每天早上当你醒来时阳光透过玻璃倾泻而入的美景吗？”

比尔说："我能想到的是，每天早上阳光都会很刺眼。还有，这样一点儿隐私也没有，一定要挂上窗帘。"

在这个例子中，玛丽关注的焦点是窗外的大海、透过窗户倾泻而入的晨光，而比尔只看到了窗户本身。玛丽对窗户的看法很积极，因为她忽略了脏玻璃，没有想到隐私问题。比尔对窗户持有消极态度，忽略了窗外的美景。比尔关注的焦点是，他需要窗帘，窗户玻璃应该擦擦了，房间私密性差。

显然，两人都没有错。海景很美，窗户很脏，这都是事实。但，就在两人互动的这一刻，可能他们都会选择后退一步，从对方的框架和滤镜角度看问题，也可能他们的矛盾会升级，发展成一场争吵。

下面，我们一起来看一下这场对话可能产生的两种后果。

后果一

玛丽说："看，大海！"

比尔说："我几乎看不见窗外，窗户上都是灰尘，应该擦擦玻璃了。"

玛丽回答说："你能想象每天早上当你醒来时阳光透

过玻璃倾泻而入的美景吗？”

比尔说，“我能想到的是，每天早上阳光都会很刺眼。还有，一点儿隐私也没有。一定要挂上窗帘。”

玛丽回复：“你总是这么消极。这么美的景色，你怎么就看不到呢？你就知道抱怨！”

比尔大声说：“我说的是实话。你会擦窗户吗？不会，擦窗户的人是我。也许你不介意整个小区的人看见你不穿衣服的样子，但我在意。”

后果二

玛丽说：“看，大海！”

比尔说：“我几乎看不见窗外，窗户上都是灰尘，应该擦擦玻璃了。”

玛丽回答说：“你能想象每天早上当你醒来时阳光透过玻璃倾泻而入的美景吗？”

比尔说：“我能想到的是，每天早上阳光都会很刺眼。还有，一点儿隐私也没有，一定要挂上窗帘。”

玛丽温和地说：“我敢打赌，这扇窗户让你想起你小时候，你妈妈让你一遍又一遍地擦滑动玻璃门，直到它们变得一尘不染。”

比尔回答说：“没错。更不要提我那些爱管闲事的邻居了，总是爱窥视我们家。景色真不错。这让我想起了我们的蜜月。”

在后果一中，玛丽和比尔信息滤镜的不同导致两人都很沮丧。在后果二中，这对夫妻有意识地选择倾听对方的陈述，并努力确定对方是如何以及为什么会过滤出不同的结果的。

有效倾听源于你对自己的认知框架和信息滤镜的理解，同时你也需要知道，它们对你接收他人的消息会带来哪些影响。

情绪管理

在倾听他人诉说时，要想确定我们自己以及他人的信息滤镜，我们就必须学会控制情绪。如果某人和你拥有相同的框架和滤镜，那么你就很容易理解他说的话。但，如果你的交谈对象和你拥有完全不同的世界观，那么你们之间的交谈就会变得越来越困难。

冲突研究专家罗杰·菲舍尔和威廉·尤里在他们的经典著作《谈判力》（*Getting to Yes*）一书中，介绍了在冲突中管理情绪的一些技巧。激烈情绪反应既是冲突的原因，也是冲突的后果。冲突中，人们可能会产生各种负面情绪——愤怒、怀疑、失望、沮丧、困惑、担心或恐惧。下文从菲舍尔和尤里的著作中选取了几点建议，帮助大家管理激烈情绪。

1. 当你觉得自己变得情绪化时，后退一步，关注对方的情绪。他很愤怒，还是很兴奋，对你们所交流的话题充满热情？

2. 找到情绪变化的源头。在这种情况下，什么样的滤镜可能引发他们当前的情绪和行为？是否可能和你无关？

3. 开诚布公地指出他人的感受。如："我们现在的交谈似乎让你变得很愤怒，我没理解错吧？"

4. 委婉地说出自己的感受，不要用对抗性方式表达（以第一人称"我"来表达，不要用"你"）。例如："我想我很生气是因为……"

5. 认可他人的情绪体验，任何人都有权利表达自己的不同看法。

6. 即使谈话对方无法控制自己的情绪，你也要控制自己的情绪。不要做出情绪化反应。离开房间，给彼此留下冷静的空间。

下面我们举例来说明如何管理情绪。

苏珊和蒂姆共同负责一项慈善活动。在苏珊的认知框架中，一起负责就意味着毫无保留地共享所有信息，并经常一起就该活动进行协商讨论。

相反，蒂姆认为，合作就是两人相辅相成、互为补充，每人只负责自己的那部分工作，然后告知对方就可以了。正因为如此，他不像苏珊那样乐于和对方交流。

结果就是：苏珊变得更为强势，总是试图和蒂姆交流。她开始每天给蒂姆发邮件、短信，并且不停地问其他人是否知道发生了什么。“他不回复我！如果我不知道他在做什么，我们怎么一起把这件事办好？”

而蒂姆对此的反应是，进一步回避她，甚至不回她的信息，不接她的电话。“她对我管得太严了！她总是妨碍我，这样我还怎么完成工作？”

为了解决这种情况，蒂姆和苏珊采用了上面给出的六点建议：

1. 各自后退一步，关注对方的情绪。苏珊看到蒂姆非常沮丧，蒂姆也看到苏珊很恐慌。

2. 找到情绪变化的源头。这两个人的认知框架不同，所关注的焦点事物也不同。蒂姆可能会明白，苏珊的框架是“我们正在合作”，这导致她非常看重交流沟通——如果她无法从蒂姆那里得到足够的信息，她就会变得很焦虑。苏珊也可以看看蒂姆的框架，即“我们分工协作，各自完成自己的部分”，因此蒂姆关注的是工作本身以及准时完成工作，而不是沟通交流。苏珊可能会明白，蒂姆的沮丧源于她不重视待办工作。

3. 开诚布公地指出他人的感受。如：“我觉得，对这个项目的进度，你很不满意。”

**4. 委婉地说出自己的感受，不要用对抗性方式表

达。如："如果不确定工作是否已经完成，我就会很有压力。""你总问我事情进展，这让我感觉十分有压力。"

5. 认可他人的情绪体验。如："我可以看出，当你不知道我这边的工作进展时，你很焦虑。""我知道，当我不停地给你打电话、发信息时，你很有压力。"

6. 必要的话，离开房间。如："10 分钟后我们再继续讨论，我需要喝杯水。"

本章主要讨论了倾听者的认知框架和信息滤镜，以及它们对倾听的影响。在第 2 章中，我们将进一步讨论倾听者类型，以及他们的认知框架和信息滤镜是如何成为他们的典型性格特征的。

第 2 章

七类倾听者

交朋友时，自己主动还是对方主动，结果截然不同——前者两个月内结交的朋友比后者两年内结交的还要多。

——戴尔·卡内基

一天下午，波特博士正在给大一新生上商务心理学课。当他正在简述经典动机理论时，他开始怀疑这群学生没有认真听课。他决定提问学生一些问题，活跃下课堂氛围。

布莱德·劳森看起来似乎急于离开教室。他坐在那里，盯着时钟，不停地轻叩脚，而且大约每隔一分钟就看一下手机。

“劳森，这个模式说，奖励之所以有价值，部分是因为它能激励人的行为。你同意吗？”

“嗯，是的。没错。”布莱德回答说，但他的眼睛并没有离开他的手机。

梅兰妮坐在课桌前发呆。波特博士走到她凝视的窗户旁，挡住了她的视线，然后问道：“梅兰妮，这个模式的第二个要素指出，努力程度会影响动机。对此你怎么看？”

波特博士的提问吓了梅兰妮一跳，她从白日梦中惊醒，说道：“什么？抱歉，我没听见你说什么。”

“我说的是，”波特博士继续道，“引发动机的一个要素。奖励是否有价值……”

凯特琳·布里安娜突然插话说：“就是努力程度和得到奖励的概率。”她向后靠在椅子上，面带微笑。

于是，波特博士问她：“布里安娜，你觉得什么奖励值得你付出努力？”

凯特琳透过浓密的睫毛一脸茫然地看着波特博士，说道：“没有。”

凯特琳旁边的丹尼·瓦尔迪兹小声说道：“难怪你这种情绪化的人什么都不在乎。”

波特博士走向丹尼的课桌，问道：“嗯，那么，瓦尔迪兹，你觉得什么奖励值得你付出努力？”

“睡觉，因为现在这门课就让我昏昏欲睡。”

这时，吉恩说道：“事实上，现在的情况是，对布里安娜来说，在课堂上表现自己的博学是内在奖励，她也相信，如果教授知道她理解了，会在考试中给她一个不错的分数。而丹尼认为自己没有能力取得好成绩，因此，他用一种充满敌意的态度来掩盖事实。”

在教室的最后一排，坐着一个十分安静的女孩，她叫安娜。她怯生生地举起了她的手，说道：“波特博士，你和你的同事劳勒博士一起创造了这个模式，对吗？你们是如何扩展弗鲁姆经典的期望理论的？”

波特博士笑了下，转身走回到了教室前端。至少，还有人正在听课。“没错，我和帕特尔·艾德女士在维克托·弗鲁姆期望理论基础上，又增添了很多方面的内容，下面我们来看一个图解……”

七类倾听者

在和他人的交流中，你是否也经常遇见类似于波特博士的学生的人？作为一个倾听者，很多时候，你是不是跟他们当中的某人非常相似？

上面这个场景中汇集了卡内基训练定义的七类倾听者，分别为：

- 忧心者
- 神游者
- 打岔者
- 漠然者
- 好斗者
- 分析者
- 投入者

前六类倾听者的倾听效果明显不如最后一类。下面我们逐一分析一下各个类型的倾听者。

忧心者

布莱德是典型的忧心者。轻叩脚，不停地看时间，这些都让说话者感觉，他没有注意听。这类人给人留下的印象往往是：总是十分匆忙，不停地四处看，或者做其他事情。这类人经常一心多用，他们很难安静地坐在那里，听别人说话。

神游者

在上面场景中，梅兰妮就是神游者。波特博士正在上课，她没有听课，反而在做白日梦。这类倾听者的身体虽然和你在一起，但他们的心早溜走了。从他们一脸茫然的表情上，你很容易看出来，他们要么在做白日梦，要么就在想其他的事情。

打岔者

布里安娜属于打岔者。她爱插话，一有机会就会打断他人。这类倾听者随时都有可能插嘴说话，他们坐在那里，等待时机，随时准备打断你，为你代言。他们根本不听你说，全部心思都放在猜你要说什么以及自己要如何接话上。

漠然者

凯特琳是一个典型的漠然者。即使她没有说“无所谓”，她的肢体语言和态度也无一不在向波特博士表明，她根本不关心他讲了什么。这类人在倾听时，态度冷漠，对什么都不在意。他们似乎并不关心你说了什么。

好斗者

很明显，丹尼非常地争强好胜。这类倾听者通常心怀敌意、态度粗鲁，他们倾听不是为了理解你所说的内容，而是为了找到反对你、攻击你的武器。他们全副武装，随时准备战斗；他们很喜欢反驳和指责他人。

分析者

吉恩是一个分析者。他可能并没有意识到自己的倾听是无效的。这类倾听者乐于扮演顾问或治疗师的角色，随时准备给你提供一些无根据的答案。他们自认为是优秀的倾听者，而且乐于助人。他们往往处于这样一种模式：不管你说什么，都能帮你分析分析，然后提出解决方案。

投入者

安娜是一个典型的投入者。这类倾听者会有意识地倾听。在倾听时，他们会用他们的眼睛、耳朵甚至心，认真倾听，并站在说话者的角度理解问题。这是最高水平的倾听。他们拥有高超的倾听技巧，不仅能鼓励你继续发言，还能引导你找到自己的解决方案，并让你的想法得以展现。

没有人能每时每刻都保持全身心投入倾听。

现在，你可以听我说话了吗

虽然和上述其中几个类型的倾听者沟通可能十分困难，但并不是无计可施，有一些方法可以帮助你克服沟通障碍。根据不同类型倾听者的特点，下面我们给出了几点建议，帮助大家与之交流。

忧心者

如果你正在和一个忧心者交谈，你可以问："你现在方便吗？"或者说："现在，我希望你专心听我说。"以这样的话头开始交谈，可以吸引他的注意力。交谈时，简明扼要，直接说要点，因为这类倾听者的注意力持续时间很短。

神游者

如果你正在和一个神游者交谈，你可以时不时和他确认一下，问问他是否理解你正在说的话。和与忧心者交流一样，交流开始时，用一句话抓住他的注意力。谈话简单明了，直接说要点，因为这类倾听者的注意力持续时间也很短。

打岔者

如果你正在和一个打岔者交谈，当他插话时，立刻停下来，让他说，不然他根本无心听你说话。当他讲完时，你可以先对他的话予以认可，然后说："正如我前面所说的……"引起他的注意，继续前面的话题。

漠然者

如果你正在和一个漠然者交谈，你可以在表达你想法时戏剧化一些，然后问他问题，让他积极参与到谈话中来。

好斗者

如果你正在和一个好斗者交谈，当他提出反对意见或者指责你时，你不要和他争论，往前看，不要向后看。可以各自保留不同意见，或者在下次谈话时再提出不同的解决办法。

分析者

如果你正在和一个分析者交流，你可以先说："我只是想和你说点事，我不需要任何建议。"

投入者

如果你正在和一个投入者交谈，花些时间感谢他对谈话的专注，谢谢他能够对你们之间的话题感兴趣。

你是哪类倾听者

看了上面几类倾听者，你也许感觉自己和其中的一类或者几类非常像。完全不必担心。没有人永远是投入者。如果你觉得自己不太擅长倾听，不是一个有效的倾听者，下面几点建议可能对你有帮助。

忧心者

如果你是一个忧心者，那么，当有人和你说话时，你要记住，放下你正在做的事情，认真倾听对方说话。

神游者

如果你是此类倾听者，注意你的行为举止，集中注意力，保持眼神交流，身体前倾，向对方提问题，以表明自己很感兴趣。

打岔者

如果你是一个好插话的人，那么你要记住，每次发现自己又打断别人说话时，及时道歉。这有助于你意识到自己的问题。

漠然者

如果你对什么都无所谓，那么，你要把注意力放在对方的整个人上，而不仅仅是对方说的话上。记住，倾听时要用你的眼睛、耳朵和心一起听。注意对方的肢体语言，弄清楚这个人为什么想和你谈论该话题。

好斗者

如果你是一个争强好胜的人，那么你要努力站在讲话人的立场看问题，理解、接受对方的观点，并找出其中的优点。

分析者

如果你是一个分析者，放轻松，你要明白，不是每个人都需要答案、解决办法或者建议。有些人只是喜欢和他人聊聊，因为这有助于他们自己寻找出答案。

投入者

如果你现在已经是一个投入者，那么请继续保持，因为大家很欣赏你的这个优点。

正如前述，没有人能每时每刻都保持全身心投入倾听。实际上，随着时间的推移，我们的注意力会发生变化，一开始，我们全身心投入，随后，我们会有选择地集中注意力，最后，我们会分心。下面是一个注意力变化示意图（见图2-1），有助于大家直观了解，随时间变化的注意力变化趋势。

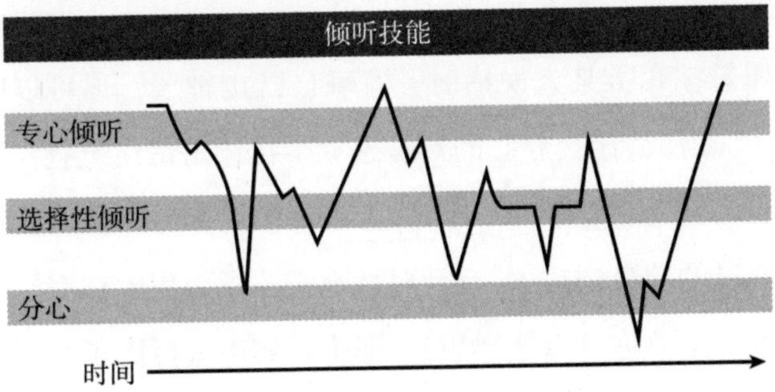

图 2-1

专心倾听、选择性倾听、分心的时间占比取决于很多因素。在后面的章节中，我们会详细讨论。

专心倾听、选择性倾听、分心的时间占比不是一成不变的。

两类分心

丹尼尔·戈尔曼在其著作《专注》（*Focus: The Hidden*

Power of Excellence）一书中指出，分心有两种情况：感觉干扰（周围事物造成的分心）和情绪干扰（你对周围事物的内心活动以及个人看法造成的分心）。

如果你在听某人说话时，发现自己走神了，你可以问问自己："是什么让我分心的？是感觉干扰还是情绪干扰？"确定让自己分心的事情后，你就能够转移注意力（利用我们上章讨论过的信息滤镜），有针对性地把注意力集中在需要你关注的事情上。你可以这样想："那个嘟嘟声太讨厌了，还是听听她在说什么吧。""不要总想着今天下午和老板的争吵。还是专心听听他现在和我说的事情吧。"

本章主要介绍了七类不同类型的倾听者，并给大家提供了一些和他们交流的小技巧，以及如何成为更有效的倾听者的方法。在第 3 章中，我们将会探讨四大倾听类型。

第3章

四大倾听类型

很多人倾听不是为了理解对方，而是为了回答问题。

——史蒂芬·R. 柯维

一个深陷婚姻危机的男人向大师求助，大师说：“你必须学会倾听你的妻子。”

这个男人牢牢记住了这句话，一个月后，他再次拜访大师时说，自己已经学会倾听妻子说的每个字。

这次大师微笑着对他说：“现在回家，听听她没有说出来的每个字。”

我们都曾有过这样的经历——听某个人说话时心不在焉。也许你正在忙着其他事情。也许你对谈论的话题不感兴趣。或者，你认为你正在认真听，但实际没有。本章我们将介绍四类倾听，分别是：假装式倾听、应对式倾听、学习式倾听和共情式倾听。

当然，倾听类型并不是只有这一种分类。随便在网上搜索一下，你就会发现各种不同倾听分类和描述。但本书选取的这种分类涵盖了其他的所有分类。

为了更好体验不同类型的倾听，我们来看一些应用实例。（括号内描述的是倾听者的内心活动。）

假装式倾听

莉亚和很多16岁的女孩一样，不喜欢整理房间。一天，她爸爸走进她的房间，训斥了她一顿，并说了保持房间整洁的很多好处。

“莉亚，告诉过你多少次了？不要把食物和脏盘子放在房间里。你忘了去年夏天家里到处都是蚂蚁了吗？最后我们不得不烟熏整座房子，那花了我……”

“抱歉，爸爸。”（“也许，我道歉，他就不会再说了……不，他还在说。我已经知道他接下来要说什么了，根本没有听的必要。”）

“然后，在烟熏后，我们不得不把所有碗盘都清洗一遍……”

（“我想知道布里安娜在干什么。我觉得，她一定给我发短信了。希望爸爸不要再说了，我想看一下短信，可他还在一直说个不停。”）

“所以，这就是为什么我总是告诉你不要把食物和盘子放在房间的原因。”

在上面这个场景中，莉亚就是在假装式倾听，即看起来在认真听，但实际上，可能在做白日梦，或者在想其他事情。

当厌烦了或者不想听对方说的话时，人们往往就会陷入这种倾听模式。在有些情况下，“我不想听你说”这样的话是不可接受的。比如，父母和孩子之间的交流——很多时候孩子没有权力说“不”。

假装式倾听，即看起来在认真听，但实际上，可能在做白日梦，或者在想其他事情。

应对式倾听

吃午饭前，特里的经理卡罗尔走进她的办公室，向她要销售报告。报告还差一点儿才能完成，因为收到的数据中有一些是错的，在上交区域销售经理前，特里需要再修改一下。

“为什么你还没有把报告交给布莱恩？两个小时前就已经给你了。”

（“因为有些销售数据错了，我不想把错误数据发给他。上次我把错误数据发给他后，你骂了我半个小时。”）

“我不明白为什么会延误。布莱恩在镇里只待一天。这个报告必须以最快速度完成！他今晚的飞机，在他走之前，必须给他留出时间阅读报告并提出问题。”

（“我该告诉她销售数据有错吗？这样我就不会有麻烦了，但可能会吓到她，然后她就会和我一起重新看一遍报告。也许我可以把错误订正过来，在午饭前放到她桌子上。”）

“很抱歉，卡罗尔。我正在校对报告，午饭前我会打印出来，放到您桌子上。”

特里的倾听类型就是典型的应对式倾听，即为了解释或者捍卫自己的立场而倾听对方。应对式倾听时，你可能只会听进去部分内容，而且你会过滤掉那些无助于你应对的话语。

应对式倾听，即为了解释或者捍卫自己的立场而倾听对方。

学习式倾听

自从姐姐给了索菲亚西班牙语培训课的优惠券后，索菲亚就一直盼着上课。明年夏天，索菲亚计划去墨西哥旅行，她想在去之前学会西班牙语。

上课的第一天，索菲亚来到教室，坐在前排，拿出她的笔记本。随后，罗杰里奥老师走了进来。

“Hola, mi nombre es Rogelio。”老师说，“这句话的意思是‘大家好，我叫罗杰里奥’。”

索菲亚在本上记了下来：“‘Hola’的意思是‘大家好’。”“‘Mi nombre ’的意思是‘我叫……’。”

“现在，我们来学习怎样用西班牙语问好。‘早上好’‘下午好’‘晚上好’分别对应的是‘Buenos dias’‘Buenas tardes’‘Buenos noches’。”

索菲亚记录下来，心里想着：“如果我要在明年夏天前学会西班牙语，我最好认真听讲。”

索菲亚的倾听类型属于学习式倾听，即在倾听时，会对倾听内容进行精准选择。索菲亚倾听的目的不是理解罗杰里奥的感觉，或者换位思考。她的目的是获取信息。

学习式倾听，即只听想听的内容，并选择性地过滤掉其余内容。

共情式倾听

凯西是一家视频制作公司的人力资源主管。又到了业绩评估的时候了，这是凯西最讨厌的事情。凯西把员工一个个叫进办公室，然后逐一对他们的工作表现进行评估。

第一个进来的是马库斯。他的很多同事向凯西报告说他经常下午在工位上睡觉。

“你好，马库斯，请进。坐吧。”

他看起来有一点儿紧张。

“谢谢，凯西。”

“最近有什么事吗？我听说你最近有点儿累。”（“事实上，他看起来十分疲惫！”）

“是的，糟糕透了。我妻子的车坏了，我们只有一辆车能用了。她上班前需要送孩子们去幼儿园和学校，她的公司距离我家有20英里，所以我把车让给了她。男人就该这么做，是吧？”

（“他看起来是个不错的男人……”）

“但是我们家离公司有10英里，在坐上公交车前，我必须步行3英里，然后在第六大街搭乘公交。为了准时到公司，我早上必须4点半就出门。因此到了下午3点左右，我的工作效率就不太高了。”

（“太糟糕了。但他竟然从未迟到过。我想知道，我们是否可以为他做些什么。”）

“你知道凯文住在你家附近吗？也许他愿意接你上班？”

（“那一定可以让他振奋起来。”）

“天哪，那太棒了！我午休时问问他。非常感谢！”

凯西所做的一切显示了共情式倾听，亦称“完人式倾听”，即在倾听时试图全方位理解对方，包括他的性格和他真实的、未说出口的想法和动机。

共情式倾听的目的是试图全方位理解对方。

本章作为第一部分（倾听者要素）的结束章节，简要介绍了四大倾听类型。在进入本书第二部分（说话者要素）前，让我们在《倾听者日志》中练习一下我们所学的内容。在《倾听者日志》中，你将有机会运用你在本书前三章所了解到的观点。我们建议你用一个日志或者笔记本，以方便你追踪记录自己成为一个优秀倾听者的过程。

我的倾听日志

认知框架

认知框架是你对某个情境或话题的大概了解。

---

1. 拿一张纸或者一个笔记本，回答这个问题：“关于倾听这个话题，我学到了哪些认知框架？”下面是一些范例。

> “不要看孩子说什么，要看他们做了什么。”
> “一个人有两只耳朵、一张嘴，是有原因的。”
> “在我们家，你必须大声喊，才有人听你说话。”
> “反正没人听我说话，那我就不说了。”
> “我说的都是傻话。”

2. 你的认知框架会导致哪些偏见？你或者你认识的人的潜意识中，是否有会阻碍有效沟通的认知框架？在你的日志中，记录下这些偏见。

3. 在你看来，性别、教育背景、宗教信仰、种族和其他相似因素，会对倾听产生怎样的影响？

信息滤镜

信息滤镜是一个有意识的选择过程——让你把注意力集中在某件事上，而不是其他事上。

在听下列人讲话时，你会使用什么信息滤镜？换句话说，在和他们交流时，你会关注哪些信息，忽略哪些信息？

1. 你的父母
2. 你的配偶
3. 你的孩子
4. 你的老板
5. 你的客户
6. 你最好的朋友

现在，稍微改变一下你的信息滤镜。再次和上述人交流时，你发现有什么不同了吗？例如，把你的父母和配偶调换角色。

1. 你的父母
2. 你的配偶
3. 你的孩子
4. 你的老板
5. 你的客户
6 你最好的朋友

情绪管理

在你的日志中，描述一个让你有如下感觉的冲突经历——如果当时你能控制自己的情绪，你本可以表现得更好。然后，试一下下面六个技能，看看结果会有什么不同。

1. 各自后退一步，关注对方的情绪。
2. 找到情绪变化的源头。

3. 开诚布公地指出他人的感受。

4. 委婉地说出自己的感受，不要用对抗性方式表达。

5. 认可他人的情绪体验。

6. 必要的话，离开房间。

七类倾听者

观察一下你周围的人，看看大家都属于哪类倾听者。

- 忧心者
- 神游者
- 打岔者
- 漠然者
- 好斗者
- 分析者
- 投入者

确定你成为每类倾听者的次数。

两类分心

记录某次你倾听时注意力分散的时刻。是感觉让你分心的，还是情绪让你分心的？分别想出一个例子。

四大倾听类型

对号入座，看看你周围的人，确定每种倾听类型的典型代表。

- 假装式倾听
- 应对式倾听
- 学习式倾听
- 共情式倾听

现在，针对每种倾听类型，分别记录一个你曾经有过的经历。

谈话的艺术在于倾听。

——马尔科姆·福布斯

第二部分

说话者要素

第4章

说话者的认知框架和信息滤镜

准确理解词汇很重要，因为它们的思想价值构建并塑造了我们了解事物的方式。

——迈可纳·内史密斯

认知框架一

从前，有一个小女孩，她和她的妈妈住在茂密的丛林边缘。小女孩总是戴着一顶红色的帽子，穿着红色的斗篷，因此，人们叫她“小红帽”。

妈妈给了小红帽一个篮子，让她穿过丛林去看望生病的外婆。

“记住，不要和陌生人说话。”小红帽的妈妈警告她。

在去外婆家的路上，小红帽遇到了大灰狼。

大灰狼满脸微笑地问小红帽：“小姑娘，你要去哪里啊？”

“到森林另一边看望我的外婆。”小红帽忘记了妈妈的警告，回答道。

大灰狼立刻离开，抄近路跑到了小红帽的外婆家，一口吞掉了小红帽的外婆。然后它戴上了外婆的帽子，并穿上了她的睡衣，假扮小红帽的外婆躺在了床上。

小红帽到了外婆家，径直走向了床边。

小红帽惊讶地说：“外婆，你的耳朵好大！”

“耳朵大是为了更好地听见你，亲爱的。”大灰狼回答说。

“你的眼睛也好大！”小红帽又说道。

“眼睛大是为了更好地看见你，亲爱的。”大灰狼说。

“你的牙齿也好大！”小红帽惊叫道。

“嘴大是为了吃掉你！”说着，大灰狼从床上跳了起来，扑向了小红帽。

一个在附近砍柴的樵夫听到了小红帽的尖叫声，跑了过来，用斧子砍向大灰狼的头。大灰狼倒在地上。小红帽的外婆从大灰狼的身体里跳了出来，安然无恙。

然后，樵夫、小红帽、小红帽的外婆一起享用了蛋糕和茶。

认知框架二

从前，在茂密的丛林边缘，住着一只狼，它非常友好。但因为它长得很丑，没人和它交朋友。森林的动物都叫它“大灰狼”。这只狼并不坏，反而很害羞。

在离大灰狼家不远处，有一条小河。有一个小女孩和她的妈妈住在河流的下游。小女孩总是戴着一顶红色的帽子，穿着红色的斗篷，因此，人们叫她“小红帽”。

小红帽的妈妈非常善良，但她的外婆是一个邪恶的人，住在森林的另一边。大灰狼听森林的小动物说，小红帽的外婆打算当小红帽来看她时，杀死小红帽。

一天，妈妈给了小红帽一个篮子，让她穿过丛林去看望生病的外婆。

“虽然外婆很坏，但我们不能对她不好，因为她是我们的家人。”小红帽的妈妈告诉小红帽。

在去外婆家的路上，小红帽遇到了大灰狼。

大灰狼满脸微笑地问小红帽：“小姑娘，你要去哪里啊？”

“到森林另一边看望我的外婆。”小红帽回答道。

大灰狼很担心小红帽的安全，立刻离开，抄近路跑到了小红帽的外婆家，一口吞掉了小红帽的外婆。然后它戴上了外婆的帽子，并穿上了她的睡衣，假扮小红帽的外婆躺在了床上。

小红帽到了外婆家，她径直走向了床边。

小红帽惊讶地说："外婆，你的耳朵好大！"

"耳朵大是为了更好地听见你，亲爱的。"大灰狼回答说。

"你的眼睛也好大！"小红帽又说道。

"眼睛大是为了更好地看见你，亲爱的。"大灰狼说。

"你的牙齿也好大！"小红帽惊叫道。

"牙齿大是为了和你一起享用美食！"大灰狼一边说着，一边从床上跳了下来，打算和小红帽一起分享蛋糕和茶，因为它从小红帽邪恶的外婆手中拯救了小红帽。

但小红帽不知道她外婆想要杀死她，是大灰狼救了她，于是她尖叫着跑了。

一个在附近砍柴的樵夫听到了小红帽的尖叫声，跑了过来，用斧子砍向大灰狼的头。大灰狼倒在地上。小红帽的外婆从大灰狼的身体里跳了出来，安然无恙。她非常愤怒，拿起斧子杀死了所有人，独自一人享用了蛋糕和茶。

这两个故事，是根据两个不同认知框架书写的。每个故事都清楚表明了，叙述者的认知框架会影响倾听者对故事内容的感知。

在这两个版本的故事中，故事事实相同，至少在开头时是一样的。小红帽拿着篮子，穿越森林去看外婆，在路上遇到了大灰狼。大灰狼比小红帽先跑到外婆家，吃掉了小红帽的外婆，然后在追赶小红帽的过程中，被樵夫砸破了头。

故事的含义后来发生了变化，是因为我们给出的额外信息。在第一个故事中，大灰狼被塑造成了一个坏蛋：它吃掉了小红帽的外婆，还想追着吃掉小红帽。而在第二个故事中，读者得到了一个额外信息——外婆不是好人。这是第一个故事所没有的。大灰狼追小红帽是为了救她，而不是吃掉她。这种认知框架的细微变化赋予了故事内容完全不同的意义。

说话者的认知框架会误导倾听者

在我们每天的对话中，这样的情况比比皆是。很多时候，说话者也许主观上并不想误导倾听者——但结果往往如此。（在电视新闻领域，这种情况尤为常见。）

1993 年，研究员罗伯特·恩特曼曾写道："认知框架是对感知到的现实的某些方面进行选择，并使它们在沟通中更加突出，以促进特定的问题定义、因果解释、道德评价，以及（或者）治疗建议。"换句话说，认知框架就是从故事中选取部分内容，并在沟通中特别突出该内容，以表达个人观点。

我们对此很熟悉。在一个电视频道中，我们看到一个看起来很帅气或者漂亮的政治候选人正在亲吻几个婴儿；而在另一个频道中，我们看到同样的一个候选人正在皱眉，愤怒地向某个人咆哮。一个框架中，人们看到的是候选人积极正面的形象；而在另一个框架中，候选人却给人留下了消极的印象。同一个候选人，不同的形象，关键取决于信息的呈现方式。

语言学家德博拉·坦嫩毕生都在研究交流风格的差异，以及影响我们说话和倾听差异的因素，并写了很多文章阐述她的观点。在其著作《朝九晚五：职场男女》（*Talking from 9 to 5: Women and Men at Work*）一书中，德博拉·坦嫩指出："我们周围环境的方方面面都会对我们的谈话方式产生影响，没有哪两个男人或者哪两个女人是完全一样的，就像不存在两个一样的纽约人或西班牙人，也不存在两个一样的40岁的人。然而，要想理解我们谈话中以及生活中发生了什么，关键要明白影响我们沟通风格的因素及其规律。”

例如，如果你看到你认识的人，你可能先打招呼，说：“你好吗？”然后聊天，最后各自离开。大多数人从未认真思考过性别、文化、语言和年龄等因素是如何影响这些交流过程的。比如，美国人见面握手，日本人见面鞠躬；两个女性见面可能会亲吻脸颊或者拥抱，这是一种可接受的社交行为，但如果两个男人这样做可能就不会被接受，当然，这取决于他们身在哪个国家。

具有相似背景（性别、教育背景、年龄、国籍等）的人往往对事物有相似的认知框架。

沟通三明治

说话者和倾听者之间既存在相似性，又存在差别。不管是相似性还是差别，都会对二者之间的沟通产生影响，我们一起来看看下面的例子：

迈克和玛丽两个人都完成了季度工作报告。唐是他们的老板。唐希望他们能够修改一下报告。他先把玛丽叫进了办公室。

唐沟通时直截了当，他坦白地对玛丽说："玛丽，关于那个报告，把上个月的数据放在第十一页上。另外，你用的字体太小了，改大一些，好吗？周五之前修改好发到我的邮箱里。"

玛丽哭着离开了老板的办公室，心里想："真不敢相信，老板这么浑蛋！他就知道挑我报告的错，拿我出气！他难道没有看到每月报告的链接吗？而且，那个字体哪里小了？其他人都看得很清楚。"

唐看出玛丽对他的话十分生气。他不想让别人觉得他是一个苛刻的老板。于是，当迈克进来时，他改变了态度。

"嗨，迈克，请坐。嗯，首先，很感谢你准时把报告交给我。你不知道管理层给了我多大压力，催着我交报告。你的报告很不错。但有几处我希望你能够修改一下。

如果你能把上个月的销售数据加在第十一页，那就更好了。或许，字体还可以再大一些。不管怎么说，你的报告做得不错。”

迈克离开时想：“嘿，我报告写得很好！虽然唐建议我下次做些改动，但他也说了，我的报告很好。”迈克没有明白他必须做一些修改，因此他不会改动报告。

星期五很快过去了，但玛丽和迈克都没有上交报告。玛丽没交是因为唐的批评让她不堪重负，她不想听从。迈克没交是因为唐没有明说他希望迈克做修改。迈克只听到了唐说：“感谢你准时完成报告，报告很不错……做得不错！”

现在，唐非常生气，因为玛丽和迈克谁也没有完成他布置的工作。唐开始把这归咎于他们的性格。“玛丽太敏感了。而迈克，嗯，他又懒又自大。”

一开始只是一个小小的沟通问题，但现在却演变成了一个严肃的职场问题。

问题在于，针对不同的员工，唐没有找到与之相应的沟通风格。唐的沟通风格直截了当（这可能与他的性别、背景、个人风格有关），但玛丽的沟通属于间接风格，因此唐与她沟通时用错了风格。

如果在和玛丽交流时，唐使用了“沟通三明治”——赞美、批评、再赞美，就像他对迈克做的那样，那么，玛丽就可以理解他的要求，并且接受他的批评。

同样，因为迈克和唐一样，都属于直接沟通风格的人，因此唐在和迈克沟通时应该直击问题核心，就像在上文中和玛丽沟通时一样，直说：“我需要这样的改动，这个时间前必须交上来。”

如何倾听认知框架

当然，本书重点讨论的是倾听，而不是说话。虽然二者之间关系密切，但本书的观点依然重在倾听者。

那么，不管说话者是谁，一个人要做些什么才能成为一个高效倾听者呢？有一点可以肯定的是，要努力确定影响说话者说法方式的认知框架和其他因素。

例如，在上述例子中，玛丽认为唐故意刁难她。因为对于她的报告，唐只指出了错误，指出了他希望修改的地方，没有任何肯定的话语，因此玛丽认为唐在批评她，最后得出结论——唐是一个“浑蛋”，就会拿她出气。

但如果，玛丽能够后退一步，并问一下自己：“还有其他框架可以用来解释唐的话吗？虽然我觉得唐是个浑蛋、过于挑剔，但如果那不是真的，还有其他的框架吗？”这将改变玛丽的认知框架，进而使她更有可能真正听明白唐想要沟通的内容。

同样，即使迈克对自己得到的反馈很高兴，也应该后退一步，问一下自己：“唐的话还有其他含义吗？他真实的意思是不是我需要对报告做一些修改？”

你要如何训练自己，让自己跳出自己的认知框架，换个角度看问题？有一种被称为“ACES 决策术”的方法，也许可以帮到你。

ACES 决策术

ACES 决策术是拉里·佩特博士在 20 世纪 80 年代提出的。该决策术分为四个阶段，帮助人们对自己的认知框架进行质疑，学会从不同的角度看问题。

ACES是四个单词的缩写，分别为“Assumptions”（意为假设）、“ Criteria”（意为标准）、“Evoked Set”（意为激活域 ）和“Search”（意为搜索）。假设就是“事情看起来如何”，即某人当前对问题的假设。（“唐是一个浑蛋。”）标准可以描述为：“我想要什么？”（“我想让唐赞美我的工作。”）激活域是一个学术术语，与以下问题有关——“你正在思考的问题有什么解决办法？”（“也许我需要把报告全都重写一遍。”）搜索是指为了解决问题，某人需要找到的信息。（“我觉得我最好找到上个月的销售数据。”）

若想使用ACES决策术，你只需要拿出几张纸，在左边写下你当前的认知框架（你当前的假设、标准和激活域），然后执行如下过程——提出相反的假设和标准，然后添加到激活域。篇幅有限，本章不对这个过程做赘述，直接告诉大家结果：在搜索一页上，你将得到一个项目列表，进而获得更多信息。在执行这个过程时，你需要问自己：“在什么情况下，和我假设相反的情况会成立？”

那么，当玛丽认为唐是一个爱挑剔的浑蛋时，相反的假设就是：“唐不是一个爱挑剔的浑蛋。”然后玛丽会问自己：“在什么情况下，唐才不是一个爱挑剔的浑蛋呢？”根据这个问题，玛丽会后退一步，进一步认真思考：“也许，他不善于表达……也许他想要帮助我更好地完成报告。”这并不是说，在任何情况下，假设都是错的——也有可能唐真的是一个爱挑剔的浑蛋。但是，思考“在什么情况下相反的假设会成立”，有助于倾听者重新理解当时的情况。

对于玛丽和迈克来说，重新理解当时的情况后，他们可能就会立刻回去找唐，然后问他：“你是要求我这次完成这些修改，还是希望我下次改进？”

如果你积极确认自己的认知框架，并审慎思考自己对他人做出的假设，那么你就会更容易理解说话者的意图、明白他的表达方式。

从图 4-1 可以看出，要想进行有效沟通，说话者和倾听者的认知框架和信息滤镜需要保持一致。

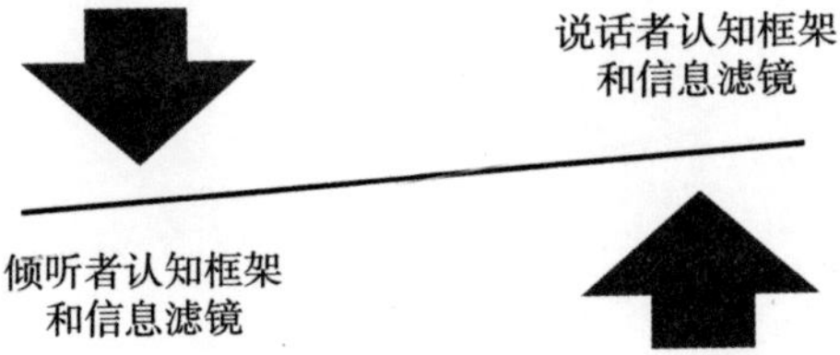

图 4-1

本章我们重点讨论了信息交流中影响说话者有效表达的一些重要因素。在第5章中，我们将继续探讨其他对说话者产生影响的因素，例如消息本身以及沟通交流发生的环境等。

第 5 章

编码要素

沟通中最大的一个问题就是容易出现误解。

——乔治·伯纳德·萧

凌晨 4 点，电话铃声响起。“谁会这个时候打电话？”珍妮特一边喃喃自语，一边翻身拿起了电话，“你好。”

“瓦斯克斯夫人吗？这里是警察局，我是霍里斯特警长。抱歉，我有一个坏消息告诉您……”

珍妮特从床上坐了起来，问：“发生了什么？”

“您的女儿遇到了一场交通事故。凌晨 2 点 30 分我们接到报警，说在路边有一辆车……”

珍妮特大脑中迅速闪现各种不好的想法。

（“她还好吗？她死了吗？”）

“我们的巡逻警察赶到现场，确定了车牌号……”

（“快点。告诉我女儿怎么样了。她还好吗？我无法相信会发生这样的事情。我就知道我们不应该给她买车。哦，我的天哪。我的女儿。不！不！”）

“幸运的是，瓦斯克斯夫人，您的女儿没有受伤，但很抱歉地告知您，她因为酒驾被逮捕了。”

珍妮特过于激动，根本没听明白警察在说什么。（“酒驾？逮捕？什么？谢天谢地，她还活着。”）珍妮特松了一口气，眼含泪水说：“非常感谢，警官，我立刻去警察局！”

编码消息

这个故事暴露了我们在倾听时面对的一些问题。每次，当我们在倾听、阅读或者以其他方式接收消息时，我们收到的消息都是以某种方式进行了编码的。

编码是指信息以代表想法或概念的符号形式转化成消息。符号具有多种呈现方式，例如话语或者肢体动作。

在编码消息时，传递什么信息由说话者决定。在上述故事中，霍里斯特警长一定知道他想告诉珍妮特什么信息。他想让珍妮特知道，她女儿因为酒驾被逮捕了。

根据上一章内容我们知道，消息的编码过程受说话者认知框架和信息滤镜的影响。霍里斯特是一名警察，他的沟通风格无疑属于详尽型，因此他往往会提供详尽的信息，这源于他的职责需要——他需要填写案件报告。

在沟通中，他正是处于这个框架中，然后过滤信息。对他来讲，所有细节都是重点，而珍妮特关心的事情只有一件：她的女儿有没有受伤？

在编码消息时，说话者所使用的符号应该是倾听者所熟悉的，这一点很重要。在这个例子中，霍里斯特警长和珍妮特进行了言语沟通（而不是手语或者书面沟通），说着相同的语言，所以他们明白彼此。如果霍里斯特警长和珍妮特说不同的语言，那就会是另一番结果。

在这个场景中，霍里斯特警长编码消息时提到了很多对于珍妮特来说无关的信息，干扰了珍妮特的倾听能力。对于说话者来讲，编码消息时最好能够想象一下倾听者的立场。换句话说，霍里斯特警长应该想象一下，如果换作是他在凌晨 4 点接到电话，说他处于青春期的女儿遭遇了车祸，他会有什么反应。如果他能够这样想一下，可能他就会采用完全不同的方式编码消息。

“瓦斯克斯夫人吗？这里是警察局，我是霍里斯特警长。

抱歉，我有一个坏消息告诉您……”

珍妮特从床上坐了起来，问：“发生了什么？”

“是您的女儿。她遇到了车祸，但没有受伤。凌晨2点30分我们接到报警，说在路边有一辆车……”

这样编码消息，珍妮特就会听到她想要听到的内容——她的女儿没受伤，她也会更好地理解霍里斯特警长真正想要告诉她的事情。

成功编码消息取决于两个方面，一方面是简单明了传递信息的能力，一方面是你预测并消除干扰信息源（例如，文化问题、错误假设和信息缺失）的能力。成功编码的关键是了解听众。

如果你不了解你的沟通对象，那么你所传递的消息就很容易被误解。

关系的重要性

影响我们编码消息的一个关键因素就是我们和倾听者之间的关系。和你的老板交流时，你会使用某种方式进行编码，而和你最好的朋友或者你的女儿进行沟通时，你会自然而然地采用不同的方式。

下面我们举例来说明，如何根据倾听者的不同，对同一个消息采用不同的方式进行编码。

不同的沟通对象

嘉莉工作很不开心，正考虑辞职。嘉莉和她周围的很多人说了这件事。因为彼此之间关系不同，各自关心的事情也不同，所以她采用了不同的措辞。下面看一下她是怎么说的。

> 对最好的朋友："天啊，帕姆，我讨厌死我的工作了！老板总是挑我刺，同事也很讨厌，工资那么少，客户粗鲁无理——我还要和他们打电话。我真想走进老板办公室，告诉他，我不干了。"
>
> 对老公："今天又是糟糕的一天。迈克在开会时把我当替罪羊；戴安娜一整天都在打私人电话；有一个客户给我打电话，态度蛮横无理，差点儿气哭我……这份工作，我干得真的十分不开心，我想换份工作，你觉得怎

么样？”

对女儿：“嗨，宝贝，妈妈想和你说点儿事。你还记得，去年你在霍伊特老师班里的时候，她对你很不好而其他学生也取笑你的事吗？还记得我们为你转班后你到新班级感觉好多了的事吗？嗯，成年人同样会遇到类似的事情。我相信你应该听到我和你爸爸谈论我的工作了。嗯，我想换份工作，也许新工作会让我高兴一点儿。但是不用担心，除了你会有一个更快乐的妈妈，不会给你带来其他影响。”

对老板：“嗨，迈克，感谢你抽时间见我。我想跟你谈谈我工作中遇到的一些事情。我觉得我的工作没有得到应有的认可。一些同事工作时打私人电话，这让我无法集中精力工作。而且，给我的客户都很棘手，能减少一些这样的客户吗？似乎客服代表更善于应对这样的人吧。我知道，几周前我们已经谈过这个问题，但没有任何改善，嗯，实际上，我打算辞职。”

在这个例子中，嘉莉和每个人的关系都不同，这让她采用了不同的编码方式。和最好的朋友讨论时，嘉莉说话更随意，而且情绪表达更自由；和她丈夫谈论时，她给出了具体的例子和事实，佐证她的决定，而且，说话时采用的是商量的口气；在告诉女儿时，嘉莉谈到了女儿曾有的经历，让她能够联系自身经历去理解妈妈的处境；而在和老板讨论时，她采用的是希望解决问题的态度。

同样一条消息，面对的人不同，说话者编码时所采用的措辞、语气和情绪都会不同。

个体差异

即使是同样的关系，也会因为卷入的个体不同而不同。例如母女关系，有些母女情同姐妹（“看到那边那个帅哥了吗”），有些母女关系则比较传统（“亲爱的，你交到新朋友了吗”）。当二联体（特指由两部分构成的事物）中一方对彼此之间的关系有了不同期待时，事情就会变得很有挑战性。下面来看几个例子。

两个人是朋友。一个希望彼此永远是对方最好的朋友，希望彼此分享生活的每个细节，而另一个更看重隐私。

一位母亲想和女儿成为“朋友”，但女儿不想了解母亲的个人生活琐事。

一个老板想要和他的员工“轻松”相处，但员工并不想老板介入自己的私生活。

两位同事共同负责一个项目，但他们对如何合作产生了分歧——一个人希望每个环节都合作完成，而另一个人希望分工协作，完成各自的部分。

下面是一些影响消息编码方式的因素，见表 5-1。

表 5-1 编码因素

权势差异	文化差异	个体差异
父母 / 孩子	种族	性别
老板 / 下属	国籍	年龄
权威人物 / 追随者	语言	沟通风格

环境因素

影响消息编码方式的除了人为因素，还有环境因素。显然，喧闹的环境容易让我们分心，会对消息编码产生影响。而且，一些比较“微妙”的事物也会对消息编码产生影响，如环境的“气氛”。

你是否有过这样的经历，进入一个房间，想和一个人说话，但在你迈进房间的一刹那，你改变了主意？这是为什么？很可能是环境给了你提示，让你意识到，你的交流会达不到预期效果。另一个人可能正在生气，可能正在神游，也可能正在睡觉。

环境负荷

“环境负荷”是一个专业术语，指一个人所承受的压力负荷，它专指直接环境中会给一个人带来压力的任何事物。我们知道，当一个人疲惫、饥饿、生病或者烦躁时，与之进行的沟通就会受到压力的影响。负荷因素包括：时间压力、不确定性、复杂性、对重要事情结果的预期（无论好坏）。

随着一个人环境负荷的增加，他所需要的信息量和想要分享的信息都会发生变化。在高压环境下，有人会变得非常果断，只需要基本信息。而有人面对压力时则会“呆住不动”，希望了解所有可能的选择。你可以想象一下，当说话者和倾听者处于不同沟通风格时，会发生什么。在下一章中，我们将详细介绍环境负荷中个体差异对沟通的影响。

令人愤怒的是消息，而不是消息的传递者

在本章开头，我们描述了这样一个情境：一位警察向一位母亲传递了一个坏消息。很多情况下，人们不得不对他人说出一个不好的消息。消息的残酷性会影响说话者如何对消息进行编码。

在医学上，有很多对坏消息传递的研究。实际上，早在1847年，美国医学协会就已经对如何传递坏消息制定了规则。

一篇刊登在《创伤感染和急救护理杂志》（*The Journal of Trauma Injury Infection and Critical Care*）上的研究总结了医生或护士告知坏消息时，家属最看中的品质。该项研究指出了对于家属而言，消息传递者最重要的四个品质（按重要性排序）：

1. 消息传递者的态度。

2. 消息的清晰度。

3. 隐私。

4. 解答疑问的能力。

这四点很好地总结了本书到目前为止前两部分介绍的内容。消息传递者的态度是由他的认知框架和信息滤镜决定的；消息清晰度则和我们讨论的编码因素息息相关。隐私即我们谈论的环境因素。和解答疑问的能力相关的是沟通风格的差异，我们将在下一章重点讨论。

坏消息不是红酒，它不会越放越好。

——科林·鲍威尔

第6章

沟通风格差异

“信息”（information）和“沟通”（communication）这两个词经常互换使用，但实际它们完全不同，信息需要对外发布，而沟通则需要与人接通。

——西尼·哈里斯

一位海军军官正在对一群潜水艇驾驶员进行培训，教他们如何使用一些精密设备。突然，这位军官抬头看向他的学生，说：“这儿太热了。”

其中几个学生立刻回答说：“是的，长官，的确很热。”然后继续做他们手中的工作。

这位军官依然站在那里，又说了一次：“这儿太热了。”

这些学员感觉有点儿困惑。他们再次点头表示同意，但什么也没做。

最后，这位军官解释说：“当我告诉你们‘这儿太热了’时，我不是在问你们的意见，也不是在寻求你们的赞同。我在告诉你们，我希望你们做点儿什么——这儿太热了！”

于是，为了让房间凉快下来，所有的学员都行动了起来。他们打开了风扇和通风口，然后才继续回去完成任务。

在这个例子中，这位军官可能会觉得他的下属没有认真听他讲话。他可能很生气，或者自己解决问题。但因为这里是军队，他正在教导他的下属：“当长官给你们一个信息时，你们要立刻执行。”

本章将重点讨论是哪些因素导致了人们沟通风格的差异。这些差异十分重要，因为，如果说话者和倾听者互相不理解，他们之间就没办法沟通。在上述例子中，这些下属不明白军官为什么会说太热了，因此他们没有听出来长官是希望他们采取行动。

决策风格

如前所述，确定何时、如何分享哪些信息构成了绝大多数沟通的基础。了解决策风格的个体差异有助于我们理解讲话者和倾听者如何看待沟通。

要想确定决策风格的特定框架，我们需要了解一个概念模型。该模型最初由迈克尔 · J. 德赖弗提出，后来德赖弗又和肯尼斯 · 布鲁索一起对这个模型做了进一步完善，并将其命名为“德赖弗决策风格模型”。该模型探究了人们是如何根据两个维度做决策的。这两个维度分别为：决策时所需信息的数量、决策时考虑到的备选方案的数量。

信息使用

人们做决策时所使用的信息量差别很大。一些人只根据几条事实就得出结论。而另一些人得出结论前会收集并分析大量信息。使用信息量少的那些人，我们称为“易满足者”。“易满足”一词意味着只需几条信息就可以得出一个“足够好的”决策。

和易满足者相对的称为“最大化者”。后者在做决定前，会考虑很多信息。

德赖弗和布鲁索指出：“易满足者知道还有更多的信息

需要考虑，但他们急于把事情做完。相对于把事情分析透彻，他们更乐于不停地做事。”另一个极端就是最大化者。最大化者会确定自己考虑了所有的相关事实，没有错过任何重要细节，不管那细节是多么细微。他们的兴趣在于想出一个高质量的解决方案，或者学习新鲜的、重要的事物。

现在，我们来想象一场易满足者和最大化者之间的对话。假设他们是一对夫妻，正在计划去度假。

> 谢丽尔：亲爱的，过来坐，我们一起商量一下暑假计划吧？我不知道，我们是坐游轮旅游，还是去一个设施完备的度假村。而且，我也还没想好去哪里。我们可以再去一次夏威夷。或者去欧洲。看看这几个旅游评论网站，有很多信息。哦，我还在脸谱网上发了个帖子，看看我的朋友们都去哪里度假了。
>
> 艾德：游轮很不错。度假村也不错。我不太想去夏威夷了，我们去欧洲吧。你找几个地点，我们稍后讨论一下。

显然，谢丽尔是一个最大化者。在做决定时，她希望把信息考虑得尽可能全面一些。而艾德是一个易满足者。他并不在意做出的选择是不是最佳选择。他觉得，只要休假、和家人在一起，不管做什么，他都很高兴。

想象一下，这场对话会产生什么误解。谢丽尔可能会非常愤怒，因为艾德不想听所有的选择。谢丽尔可能会认为艾德不想旅行，或者根本不在意她。

艾德可能会觉得谢丽尔太拘泥于细节，找那么多信息完全是浪费时间。在谢丽尔和他商量所有选择时，他完全不想听，因为他认为根本没有必要。

于是，艾德没有听。谢丽尔很生气。艾德不明白她为什么生气。由此可以看出，了解沟通风格是多么重要。

焦点

不难看出，德赖弗决策风格模型也把注意力作为人们决策的一个维度。在谈到注意力时，人们通常有两种倾向。一种人属于“单焦点者”，他们会把精力集中在得出一个最佳解决方案上。另一种人属于“多焦点者”，在他们眼中，不同的解决方案或者选择都具有同等的吸引力。

德赖弗和布鲁索指出：

单焦点类型的决策者往往对事情应该如何做，态度十分明确。面对任何情境，他们心中通常都只有一个具体标准，例如价格、质量、公平程度，根据这些标准，他们会评估所有潜在的可能性。因此，他们一般会根据自己的标准或者目标，找到最佳答案。

而多焦点类型的决策者会根据多个标准评估潜在的解决方案。他们往往有很多标准。于是，某个解决方案可能符合其中某些标准，而另一个行动可能更适合其他标准。相应地，在思考时，他们更易于接受多种选择、考虑更多条件。这种带有条件性的思考方式往往会惹怒单焦点者。对单焦点者而言，多焦点者思维混乱、优柔寡断、没有价值观，有人甚至会觉得多焦点者“不靠谱”。而在多焦点者眼中，想法明确、观点集中的单焦点者顽固、狭隘、死板、教条。这还是客气的说法，一旦彼此发生冲突，多焦点者有更尖锐的词汇来描述单焦点者。

四大决策风格

根据上述“信息使用”和“焦点”这两个维度，通过组合，可以形成四种主要决策风格：层级型决策风格、综合型决策风格、果断型决策风格、灵活型决策风格。

- **单焦点最大化者：**这类人在做决定前会收集大量信息，并进行分析，做决定时小心谨慎。他们希望找到一个最佳问题解决方案。这类人属于**层级型决策风格**。
- **多焦点最大化者：**这类人会收集大量信息，并乐于考虑多种选择。对他们来说，做决策是一个过程，不一定是为了寻找单一答案。这类人属于**综合型决策风格**。
- **单焦点易满足者：**就某个行动，这类人会利用最少信息快速做出明确的决定，因此他们属于**果断型决策风格**。
- **多焦点易满足者：**这类人思维活跃、反应灵敏，对于任何一条信息，他们都可能给出不同的解释，赋予不同的意义。如果行动执行不顺，他们会迅速调整方向，因此他们属于**灵活型决策风格**。

根据下面几个人的陈述，试着判断一下他们分别属于哪种决策风格。

甲：“生命太短暂，不要浪费时间。你想说什么，直接说重点。你不用告诉我前因后果，就告诉我我应该知道的。”

乙：“讨论这个毫无意义。它很不错。如果不行，那就换一个。放轻松一点儿。”

丙：“不要急于下结论。如果某件事值得，就应该慎重对待。慢慢来，确保找到一个最佳方案。”

丁：“我有一个想法，但我想听听其他人怎么说。看看是否可以想出一个有创意的解决方案。”

四个人分别属于哪种决策风格？答案在本页下面。[①]

看看你周围的人，他们都属于哪种风格？你自己又属于哪种风格？

① 甲：果断型；乙：灵活型；丙：层级型；丁：综合型。

角色风格和本色风格

在这个模型中，还有一个因素会影响一个人的决策和沟通风格。

在公共场合和私生活中，一个人的行为往往会不同。回顾一下前一章的例子：嘉莉想要辞职。在和老板以及闺密沟通时，她使用了不同沟通风格。我们称这两种不同的风格为“角色风格”和“本色风格”。

当人们意识到需要保持良好的形象，如面试、演讲或者相亲时，他们就会扮演适合该场合的角色。此时人们展现的角色不一定是他们的本色，只是他们认为在当下的场合应该展现的形象。

当一个人不太在意自己如何思考或者举止时，他的本色就会显露出来。这才是这个人的真面目，而不是公众形象。

和朋友相处时

电影《油脂》（*Grease*）讲述了丹尼·祖克在暑假旅游时，因朋友里佐介绍，邂逅了桑迪·奥森，并一见钟情。电影里有一个经典的片段：

里佐：嘿，祖克，我有一个惊喜给你。

丹尼：哦，是吗？

里佐：（咯咯笑）没错。

丹尼：（里佐把桑迪推到身前）桑迪！

桑迪：丹尼！

丹尼：你怎么、怎么在这里？我以为你回澳大利亚了。

桑迪：原本打算回去的。但我们改变计划了。

丹尼的朋友们都盯着他，这让丹尼有点儿不自在，但他假装自己不在意。

随后，丹尼的行为发生了变化，从本色风格（很高兴看到桑迪的真实自我）转化为角色风格（他觉得自己在朋友面前应该表现得无情一些）。

丹尼：很酷的宝贝。你知道，摇滚啊，诸如此类的。

桑迪：丹尼？

丹尼：那是我的名字，不要弄错了。

桑迪：你怎么了？

丹尼：我怎么了？宝贝，是你怎么了？

桑迪：我在沙滩遇到的那个丹尼·祖克哪里去了？

丹尼：我不知道，可能有两个我。你为什么不登个寻人启事呢？或者尝试一下黄页广告？我不知道。

桑迪：你这个骗子！我真希望从没有见过你！

从这个互动交往中，你可以看到，理解本色风格和角色风格可以减少很多冲突。如果桑迪能够明白，丹尼是因为在朋友面前，才不得不树立一个无情的形象，那么她就不会认为丹尼在针对她。如果丹尼了解角色风格和本色风格的不同，他可能就会找机会告诉桑迪，他真的非常高兴见到她。实际上，这部电影的剩余情节随处可见角色风格和本色风格的动态转换。

本章重点讨论了人们沟通风格的差异，并指出，正是这些差异影响了我们的决策，影响了我们何时、如何分享信息，分享哪些信息。交流双方沟通风格不一致容易导致严重的沟通障碍，甚至冲突。本书第三部分将着重探讨不同类型的沟通障碍，并为大家提供一些降低冲突的方法。

像智者一样思考，如常人一样交流。

——威廉·巴特勒·叶芝

我的倾听日志

说话者的认知框架

拿出一张纸或者一个笔记本，回答下列问题：

1. 描述一段你曾有过的这样的经历：某个人的认知框架带有偏见，他正在和你交流。你当时知道他心存偏见吗？

2. 在你的生活中，同你交流的人中，谁最经常和你使用相同的认知框架？你们的认知框架有哪些相似之处？

3. 在你的生活中，你和谁交流最困难？

4. 描述一个这样的例子：某个人说了一件事，惹怒了你。

5. 你觉得是什么原因让他那样做的？

6. 现在，向这个原因发起挑战。如果你觉得原因是“他很自私”。那么，现在提出相反的假设：“他一点儿也不自私。”在下面写下这个相反的假设。

7. 问问你自己：“在哪种情况下这个相反的假设会成立？”

编码消息

编码消息时，传递什么信息由说话者决定。

1. 你需要传递如下消息给某个人：“下个月我要去另一个城市。”面对不同的人，你要如何编码消息？

- 你的父母或者其他家人
- 你的老板
- 你最好的朋友
- 你的孩子
- 相关社交媒体

2. 描述一个场景，其中，有人对消息进行编码时受到了下列因素的影响。

- 权势差异

- 文化差异
- 个体差异

编码中的环境因素

环境负荷是指一个人所承受的压力负荷。

---

1. 回忆一下这样的经历：你走进一个房间，立刻感觉到房间里有一种“气氛”或者情绪。当时发生了什么？

2. 根据不同的环境负荷，编码下列消息。

- 在一条无人的街上，告诉某人向左转。
- 交通拥堵时，告诉某人在右车道向左转。
- 截止日期临近，你正在赶工，有人打扰了你，你的反应。
- 周五4点45分，你正在忙工作，有人打断了你，你的反应。

决策风格

“易满足”一词意味着只需几条信息

就可以得出“足够好的”决策。

最大化者在做决定前，会考虑大量信息。

再拿出一张纸或者一个笔记本，回答下列问题。

1. 在你周围，谁是易满足者？

2. 谁是最大化者？

3. 你属于哪种风格？

4. 分享你表现出信息使用风格的经历，每种风格举一个例子。

5. 你是单焦点者还是多焦点者？

6. 描述一个场景，其中，你和某个人的焦点不一致，彼此之间产生了冲突。了解焦点的差异是否有助于缓解冲突？怎么缓解？

单焦点者倾向于集中精力得出一个最佳方案。而多焦点者往往觉得不同的解决方案或者选择具有同等的吸引力。

四种决策风格

- **层级型：**这类人做决定前会收集大量信息，并进行分析，做决定时小心谨慎。
- **综合型：**这类人会收集大量信息，并乐于考虑多种选择。
- **果断型：**就某个行动，这类人会利用最少信息快速做出明确的决定。
- **灵活型：**这类人思维活跃、反应灵敏，能够利用少量信息，进行多方位思考。

- 层级型
- 综合型
- 果断型

· 灵活型

1. 针对每种风格，分别描述一个典型的职业。答案示例见本页底部，没有唯一的正确答案。[①]

角色风格：在特定场合，扮演你认为你应该扮演的角色

本色风格：你天生的决策风格

---

2. 描述一下，在下列情境中，你表现出来的是角色风格还是本色风格。

· 家长会
· 和最好的朋友坐在沙发上看电影
· 工作中参加计算机培训课
· 计算机培训课后，和同事相聚的快乐时光

① a 会计、工程师 b. 作家、科学家 c. 医生、战斗机飞行员 d. 治疗师、教师

第三部分

沟通为何失败

第7章

人际关系中的冲突

如果一个人知道自己经常误解别人，那么，在社交时，他一般不会说太多话。

——约翰·沃尔夫冈·冯·歌德

伊丽莎白很兴奋。她和男朋友安迪已经交往一年半了，他们终于可以在周末单独出去度假了。安迪离异，有三个孩子，一直由他和前妻米歇尔共同抚养。平时，伊丽莎白和安迪工作都很忙，周末安迪又要照顾三个孩子，所以他们两个几乎很少有独处的时间。

周四晚上，伊丽莎白正站在衣橱前挑选旅行要带的衣服，这时她的电话响了——是安迪的电话。

“嗨，亲爱的，”伊丽莎白说，“一想到周末度假，我就好兴奋。我正在打包行李。”

“嗯，我正是为此给你打电话的。”

伊丽莎白的心开始下沉，胃也发紧起来。她听出来安迪有话要说。“怎么了？”她疑惑地问。

“嗯，你知道，这个周末原本应该由我来照顾孩子的，对吧？”

“没错……”

“嗯，孩子们和堂兄弟们一起滑雪的计划取消了。我猜是孩子的妈妈得了流感，或者有其他什么事。所以……这周末我要照顾孩子们。”

“难道你不能打电话给米歇尔，看看她是否可以照看一下孩子们？毕竟，她是他们的妈妈。”伊丽莎白可以感觉出自己真的很伤心。这原本应该是他们二人的周末！

“我觉得那样做不合适。我刚和她打完官司，争取到了更多的监护权，我不能转过身就让她照顾孩子们。”

伊丽莎白感觉眼泪刺痛了她的眼睛。她知道自己应该大方一点儿，接受事实，但她非常失望，甚至不能控制自己声音中的讽刺。她说道：“是的，你不敢让你的前妻照顾她自己的孩子。相反，你总是一次又一次无视我们的关系，每个周末，都让孩子们待在你家里，从早到晚玩游戏！”

“找个地方，我们一起出去怎么样？我们可以去滑雪。我知道这不一样，但我们依然可以有一些独处时间，当孩子们……”

伊丽莎白打断他说：“不，算了吧。我不会和三个孩子待在拥挤的房间里，然后把它称为‘浪漫的周末’。你们自己去玩吧。”

这时，安迪也感觉很恼火，说：“听我说，我们开始约会的时候，你就知道我有三个孩子。我当时明确表示过，我的孩子是第一位的。我很抱歉，但这不是我们任何人的错。如果你真是那样想的，也没错。我会带孩子们去滑雪，我希望你和我们一起去，但你到底来不来，由你自己决定。”

“我只是不明白你为什么总是把米歇尔放在我前面，我才是你的女朋友！我猜，你只是不想让人知道我们的关系。也许真正的原因是，对你来说，我们的关系并不重要！我需要些时间来考虑我们之间的关系！我要挂电话了。”

伊丽莎白挂断了电话。两个人站在那里看着自己的手机，心里都很难过，不明白怎么聊着聊着就要分手了。

每种关系都有可能产生冲突。从爱人到同事，沟通不良会对彼此之间的关系造成严重破坏。本章将主要探讨冲突产生的原因，以及有效的倾听技巧可以如何预防和解决人际关系中的冲突。

混杂的消息

无论谈话的内容、说话者、倾听者或环境如何，人际冲突都源于两个人之间沟通不畅，而且会随着双方情绪的加剧而进一步恶化。

人际冲突都源于两个人之间沟通不畅。

在上面的例子中，安迪不得不告诉伊丽莎白某个消息。下面我们用一个图解来说明二人之间的沟通交流（见图 7-1）。

图 7-1

我们可以看出，消息本身并不会制造冲突。它只是一句简单的事实陈述：安迪这周末要照顾孩子们。

冲突源于两个人对这条消息拥有的不同认知框架。安迪的框架是：因为周末他得陪孩子们，虽然出乎意料，但他和伊丽莎白可以协商，另想一个计划，让大家可以一起出去度假。伊丽莎白的框架是：安迪孩子们的到来改变了她的度假计划。

下面是对这种情况的直观描述（见图 7–2）。

图 7–2

从这个直观的图示中，我们很容易看出，这种情况会引发沟通双方的强烈情绪变化。和大多数父母一样，安迪对他的孩子们有着强烈的责任感。如果他觉得有人想要破坏他和孩子们的联系，他就会变得非常具有防御性，并且情绪化。

相反，伊丽莎白希望安迪能够重视自己。她知道他爱他的孩子们，但她觉得他的孩子们妨碍到了他们之间的关系。

冲突阶段

冲突的发展是成阶段性的，通常是可预见的。管理冲突首先要确定冲突是什么时候、如何产生的。

1967 年，研究员卢·庞迪提出了组织冲突模型，该模型确定了冲突的五个阶段：

1. **潜伏阶段：**有潜在冲突。
2. **知觉阶段：**冲突处于认知层面。冲突一方或者双方可能认识到了冲突的存在。
3. **感觉阶段：**冲突处于感觉层面——冲突双方开始感觉烦躁。
4. **显性阶段：**双方在行为上开始出现冲突——充满敌意、争吵，甚至发生肢体冲突。
5. **冲突后果：**冲突造成的影响。

下面根据这五个阶段，我们来分析一下前面的例子。

1. 潜伏阶段：安迪打电话给伊丽莎白，告诉她周末自己将陪孩子们，不能和她单独一起度假了。这就是冲突的潜伏阶段。

2. 知觉阶段：一听安迪说话的语气，伊丽莎白立刻就意识到了冲突的存在。

3. 感觉阶段：听完安迪的话，伊丽莎白感觉很生气。

4. 显性阶段：他们开始争吵。注意显性冲突可能会负向循环——安迪开始意识到伊丽莎白生气，因为伊丽莎白愤怒了，他也感觉很愤怒，并开始暗示，他周末将带孩子们出去度假，不带她。

5. 冲突后果：冲突造成的影响是，安迪和伊丽莎白两人重新考虑彼此之间的关系，并考虑分手。

其他的潜在冲突

周末冲突的爆发并不仅仅因为这一件事。安迪和伊丽莎白在一起已经一年半了。两个人在以前交流中（可能是彼此之间的交流，也可能是和其他人的交流）累积的问题越多，潜在冲突就越有可能转化为显性冲突。

两个人在以前交流中累积的问题越多，潜在冲突就越有可能转化为显性冲突。

例如，安迪和他前妻离婚后就一直因为孩子们的事情在吵架。最近安迪甚至因为孩子们和前妻对簿公堂。现在，安迪把这些问题都带进了和伊丽莎白的沟通中。

同时，伊丽莎白和安迪在一起已经一年半了，但安迪因为孩子们的问题和前妻打官司，心情一直不好。而且，这周已经不是安迪第一次因为米歇尔而忽视她的需要了。

解决冲突的三个阶段

汤姆·腊斯克博士在其著作《道德说服的力量》（*The Power of Ethical Persuasion*）中提出冲突的解决分为三个阶段，分别为：

阶段一：了解对方的看法。

阶段二：解释自己的观点。

阶段三：寻找解决方案。

下面我们将对这三个阶段做一个详细的解释。

阶段一：了解对方的看法

在这个阶段，我们需要做的是，先了解对方的看法，再解释自己的看法。事实上，面对冲突时，我们中很多人经常会犯一个错误——我们花大量的时间努力让他人倾听我们的想法，却根本不关心对方是怎么想的。

要想做到上述一点，就不得不再谈到认知框架以及认知框架的转换。你必须能够跳出自己的框架，去探索对方的框架。

关于如何了解对方的看法，腊斯克博士提出了七个步骤。

1. 确定你当前的目标是相互理解，而不是解决问题。

2. 引导对方说出他关于当前问题的想法、感受和渴望。

3. 向对方寻求帮助，尝试理解。尽量不要为自己辩护或提出异议。

4. 用自己的话重复对方的立场，确认自己是否理解了对方。

5. 请对方纠正你的理解，重述对方的立场。

6. 重回你的立场，继续。

7. 重复前六个步骤，直到对方认为你理解了他的立场。

我们花大量的时间努力让他人倾听我们的想法，却根本不关心对方是怎么想的。

阶段二：解释自己的观点

只有在你充分听取了别人的观点并建立了他们的框架之后，你才能专心解释自己的观点。如果你过早地解释你的看法，对方感觉不到自己被“倾听”，相应地，他也不会听你说。

解释自己的观点，一共分为五个步骤：

1. 提出公平倾听的要求——我听你说，你也要听我说。

2. 解释对方的想法和感受对你的影响。

3. 认真解释你的想法、感受和渴望，强调这是你认为的“真相”，而不是唯一的“真相”。

4. 必要的话，重述你的立场——纠正不符合事实的部分。

5. 检讨各自的立场。

只有在你充分听取了别人的观点并建立了他们的框架之后，你才能专心解释自己的观点。

阶段三：寻找解决方案

只要你们双方都充分听取了对方的意见，你们就可以开始探索解决方案了。

寻求解决方案时，可以想象你们双方坐在桌子两边，桌子中间放着一张纸，代表了你们之间的问题。

在典型的冲突中，矛盾双方都努力把代表问题的纸拽到自己的那边（如图 7–3 所示）——“我们周末单独出去。”“我们周末带孩子出去。”

在这个模型中，做法完全相反（如图 7–4 所示）。冲突双方将会聚在桌子的同一边，一起看这张纸，协商解决问题，而不是争吵，只想把这张纸拿到自己的一边。

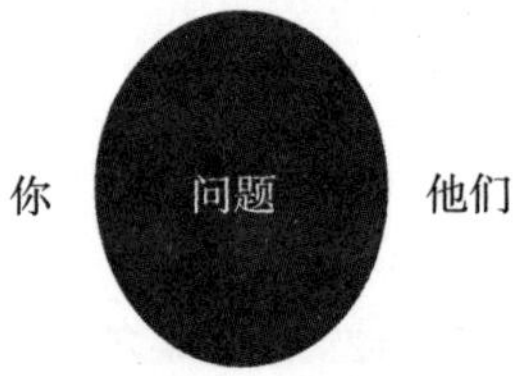

典型冲突解决方法

图 7–3

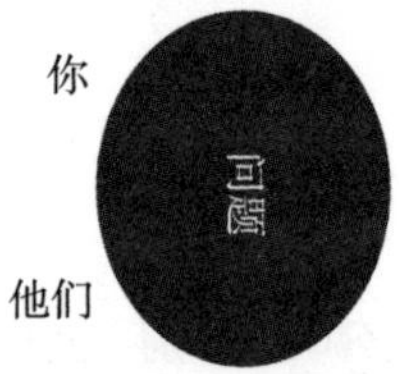

我们提供的冲突解决方法

图 7–4

当你们都在同一边专注于要解决的问题时，冲突就会减少。当然，这一切都要从倾听开始。

关于如何找到解决方案，下面这些小建议可能会对大家有帮助。

1. 确定你们相互理解，双方都愿意思考多种解决方案。

2. 集思广益，寻找更多的解决方案。

3. 如果冲突双方很难找到都认可的方案，那么考虑一下下面的建议：

- 花时间继续思考，咨询他人或者相互交换意见，然后再次商量。
- 接受中立性质的仲裁、调解或者劝告。
- 对备选方案做出让步。
- 轮流使用备选方案。
- 一旦对方认真全面考虑你的方案，就要做出暂时的让步。
- 充分认真考虑对方的立场后，维护自己的立场。
- 求同存异，尊重彼此。然后，如果可以的话，就争论的问题，各自寻找解决方案。

再看安迪和伊丽莎白之间的冲突

我们再来看一下安迪和伊丽莎白的案例，试着运用一下我们在本章所学的内容。

重温一下他们之间的对话，不难发现，他们之间的冲突已经从潜伏阶段发展到了感知阶段。

周四晚上，伊丽莎白正站在衣橱前挑选旅行要带的衣服，这时她的电话响了——是安迪的电话。

“嗨，亲爱的，”伊丽莎白说，“一想到周末度假，我就好兴奋。我正在打包行李。”

“嗯，我正是为此给你打电话的。”

伊丽莎白的心开始下沉，胃也发紧起来。她听出来安迪有话要说。“怎么了？”她疑惑地问。

“嗯，你知道，这个周末原本应该由我来照顾孩子的，对吧？”

“没错……”

“嗯，孩子们和堂兄弟们一起滑雪的计划取消了。我猜是孩子的妈妈得了流感，或者有其他什么事。所以……这周末我要照顾孩子们。”

“难道你不能打电话给米歇尔，看看她是否可以照看一下孩子们？毕竟，她是他们的妈妈。”伊丽莎白可以感觉出自己真的很伤心。这原本应该是他们二人的周末！

谈话进行到这里，安迪和伊丽莎白都意识到彼此之间出现了冲突，并且开始生气。记住冲突解决的三个阶段：

阶段一：了解对方的看法。

阶段二：解释自己的观点。

阶段三：寻找解决方案。

那么他们之间的对话将会完全不同。

“嗨，伊丽莎白，我完全同意你的说法。我能听出来，你很生气。你可以告诉我你的想法。”

“我感觉很沮丧，就这样。似乎每次我们计划好一起做点儿什么，米歇尔就会出来碍事。问题不在于孩子们身上，我觉得米歇尔嫉妒我们的关系。”

注意，在这里，安迪的态度非常关键。他可以不同意伊丽莎白，然后继续吵架。他也可以继续问问题，引导伊丽莎白说出自己的感受。

“我当然理解你为什么会这么想。我们在一起一年半了，关系也很好，所以，如果我没理解错的话，你生气不仅仅因为这个周末的事吧。你生气的是，我们每次有计划都会被打乱，对吧？”

“没错，就是这样。”

只有当安迪让伊丽莎白相信，他在认真倾听她的看法，这样他才能够接着解释他的看法。

“好了，我明白你的想法了。你能听听我的看法吗？”

“当然。”

“听到你很失望，我感觉都是我的错，是我让你失望了。我从来都不想让你失望。我爱你。”

“我也爱你。”

“这件事完全超出了我的控制。也许你是对的，米歇尔嫉妒我们。自从离婚，她就一直在孩子们的面前说我的坏话。我不想让她再对孩子们说我不好了，比如‘你爸爸这周末不想和你们在一起，他要求和你们多相处，只是为了少付抚养费罢了’。所以，我不想让她帮忙带孩子们。我也不想让孩子们失望。”

“是的，我可以看出来。”

“所以，我努力想找一个不让你们任何人失望的方法。”

“我知道，但我还是很失望。我非常渴望能和你独处，但他们是孩子，而我是成年人。我会自己调节，让自己不那么失望。”

现在安迪和伊丽莎白准备一起寻找一个方法解决问题。

“那么，我们怎么办？”

“这周末带孩子一起滑雪，下周末一起去家庭旅馆过个夜，你觉得怎么样？我知道你上午得工作一会儿，但我们剩下的时间都可以在一起。”

可以看出，沟通有很多不同的方式。例如，伊丽莎白也可以优先考虑安迪的感受，或者他们一起想出不同的解决方案。关键是他们能够花时间倾听对方的想法，并且探索对方的认知框架。

本章重点探讨了人际关系中非常棘手的矛盾冲突。通过探讨，我们明白，倾听技巧不仅可以让我们避免冲突，而且能够帮我们化解冲突。

下一章我们将会探讨冲突类型，帮助你在潜在冲突被察觉时成为一个更好的倾听者。

感受是各种关系的基础……难过的感受提供了你一个加深彼此关注的机会……关键是……你在处理这类情绪时要关心并尊重对方。

——汤姆·腊斯克博士

第 8 章

你的冲突类型是什么

对话是我们最强大的武器之一。

——**纳尔逊·曼德拉**（Nelson Mandela）

比尔在穿过大厅走向会议室时，觉得自己一会儿一定会头痛。他预感到接下来的会议会非常不顺，但作为一名老板，再棘手的会议也要开。如果他现在不解决这个问题，那么事态会变得更糟糕。

“迈克、汤姆、林、凯伦，谢谢你们能来。我相信，你们都清楚我为什么召开这次会议。”这四个人都是管理团队的，随着他们鱼贯走入会议室，比尔能感觉到他们彼此之间关系很紧张。

“我很高兴现在开这个会。”迈克大声说道，“真正的问题是什么，你我心知肚明，只要你和我的立场一致，那么所有明争暗斗都会停止。”迈克对汤姆怒视着说，但汤姆移开了视线。

比尔继续道："你们四个都属于我的管理团队，但在过去的三个月里，你们之间的冲突愈演愈烈，现在你们团队的人都在找我抱怨。自从合并以来，每个部门都在以不同的方式运作，这带来了一个非常严重的问题。我们需要就政策和程序达成一致，然后统一应用到各个部门。"

林这时插话说："我相信，只要我们一起努力，我们就能想出一个很好的解决办法，一定比我们各自单独想出来的办法好。"

凯伦回答说："我讨厌这种紧张的关系。我们在工作中都有联系，这才是我们应该关注的重点。作为团队的一员，如果其他人都愿意放下成见、摒弃矛盾，那我也没问题。"

整个团队的人都可以看出，迈克越来越生气了。"不是。这和我们彼此之间的联系以及是否达成团队共识根本无关。现在是原则问题。"他看着比尔，"告诉他们！告诉他们，我没错！"

比尔双手交叠，看着团队的其他人。汤姆在整个会议期间一直保持沉默。比尔问："汤姆，你怎么看？"

汤姆想了一会儿说："我看不出有什么大事。这样的争斗毫无意义。我没什么意见。所以，我想听听其他人怎么说。"

"你当然不会有什么意见，汤姆。"迈克几乎在大喊了，"你什么也没做。原来的公司只留下我们两个经理。你不站出来支持我们以前的做事原则，就是背叛！我必须要加一句，正是我们以前的做事原则让我们成功促成了这次的合并。"

林劝说道："那只是你的想法，迈克，在我看来，以前的做事方式并不是那么有效。我真的认为，我们应该集思广益，想出更多的解决办法。"

凯伦几乎要哭了。她说道："好吧……我放弃。我可以按你们的方式工作，我只想重回以前的快乐工作环境。"

不管是在工作场合，还是在私人生活中，冲突都让人十分痛苦。正如我们前面所提到的，冲突会影响双方有效倾听的能力（也会被高效的倾听能力影响）。

从上述场景不难看出，面对冲突，各自坚持己见，不仅不会解决矛盾冲突，反而会激化问题。

本章将会介绍五种基本冲突类型，并探讨如何利用有效倾听减少冲突。

值得注意的是，已经有很多关于人际冲突类型的研究，本书介绍的模型融合了过往研究的很多方法。冲突管理是一个相当成熟的研究领域，本书内容无法涵盖所有研究成果，敬请谅解。

冲突类型的差异

基于本书的写作目的，在这里，我们确定了人们面对冲突时所展现出来的五种类型，它们分别为：

- **狮子型：**这种类型的人看重的是“获胜”而不是彼此之间的关系。他们把冲突看作一场竞争。“我知道，他们一旦看到我的观点，就会改变主意听我的。”这类人秉持的是“我赢你输”的立场。
- **鸵鸟型：**这种类型的人为了避免冲突可以不惜一

切。对他们来讲，冲突的存在才是问题。争论没有价值，因为它根本不会影响结果。“我宁愿忘记它。”这类人秉持的是“我输你也输”的立场。

- **犬型：**这种类型的人把关系看得比什么都重要，为了维持关系，他们会迁就对方的要求。和狮子型的人完全相反。“好吧，按你说的做。”这类人秉持的是“你赢我输”的立场。

- **鱼型：**这种类型的人就像一群鱼，重视团结协作。他们想要找出一种方法，让每个人都能够从中获益。这类人秉持的是“你赢我也赢”的立场。

- **变色龙型：**这种类型不如上述四种常见。这种类型的人可以从上述的四种类型之一转向另一种，即为了和另一种类型的人交流，暂时调整自己的类型。

很多变量会影响一个人的冲突类型，进而影响一个人处理冲突的方法。虽然环境负荷，和他人的权力关系、文化差异等可能会对我们的冲突类型产生影响，但我们每个人在处理矛盾冲突时，会有某种天生的倾向。

值得注意的是，冲突类型之间不存在优劣之分。看起来鱼型的人不错，因为这类人希望双赢。但在某些场合，协作实现双赢可能并不是最好的（例如在商业竞争中）。

你的冲突类型是什么

完成下列调查问卷，确定自己的冲突类型。在填写问卷时，记住回答没有对错之分。每种类型都有各自的优势。

阅读下列内容，评估自己的赞同程度，然后按下列标准打分。

6= 完全正确

5= 基本正确

4= 可能正确

3= 可能不正确

2= 基本不正确

1= 完全错误

1. 我专注于取得优异成绩，而其他人经常会妨碍我。

2. 我很愿意倾听他人的意见，也乐于分享我的看法。

3. 为了让其他人实现他们的目标，我经常改变自己的目标。

4. 如果人们不尊重我的观点，我就不会和他们说。

5. 当有人提出了看法，大家都认为很好时，我也会努力帮忙。

6. 当出现冲突时，无论如何我都不会改变我的原则。

7. 我很愿意考虑他人的想法，但决定权在我。

8. 发生冲突时，寻求解决方案最重要，而我的需求次之。

9. 发生冲突时，我会暂时离开，去做其他事情。

10. 我讨厌冲突，因此与他人合作时，我会按他们的想法做事。

11. 在追求我的首要目标时，我会坚持我想要的。

12. 冲突中，我会直接公开说出大家担心的问题。

13. 冲突中，我会努力寻找一些折中的方法。

14. 我不担心意见不一致，我通常会避开不同的意见。

15. 我喜欢征求他人的意见，并试图找到合作的方法。

16. 一旦我确定了立场，我不喜欢有人来试图说服我改变立场。

17. 发生冲突时，我希望听听他人的看法，然后说说我的看法。

18. 当人们有不同意见时，我通常会保持中立。

19. 我会尽量避开那些固执己见的人。

20. 我觉得友好相处比辩论获胜更重要。

21. 做了决定后，我会坚决捍卫我的立场。

22. 我是一个果断的人，但我也会认真倾听他人的意见，以便找到最佳解决方案。

23. 在看到他人因为某事争论时，我会保持沉默，因为争论没有任何好处。

24. 我相信，达到理想结果的方法不止一种，重要的是，找出它们。

25. 针对某事，如果有人态度十分坚决，我就会调整自己的优先目标。

计算得分

在下面每种冲突类型中，分别记下每项陈述的得分，然后把得分加起来，即可得出你每种类型的总分。

狮子型
1：__________
6：__________
11：__________
16：__________
21：__________
总分：__________

鱼型：
2：__________
12：__________
13：__________
17：__________
24：__________
总分：__________

鸵鸟型
4:__________
9:__________
14:__________
19:__________
22:__________
总分：__________

变色龙型
5：__________
7：__________
15：__________
20：__________
25：__________
总分：__________

犬型
3：__________
8：__________
10：__________
18：__________
23：__________
总分：__________

如何解读这些得分？

结论

我的主导类型是 ________（你得分最高的类型）

我的隐含类型是 ________（你得分第二高的类型）

本章开头事例中的五个人分别属于如下类型：

迈克：狮子型

汤姆：鸵鸟型

凯伦：犬型

林：鱼型

比尔：变色龙型

运用每种冲突类型的恰当时机

该冲突类型模型反映的是人们在特定情况下做出的选择，而不是根深蒂固的性格特征。有些情况下，可能哪种类型都合适。但在有些情况下，只有一种类型最合适，示例如下：

狮子型：

- 冲突涉及无法改变的个体差异时
- 不需要培养亲密关系或者不是为了获得支持时
- 其他人可能会利用非竞争性行为占便宜时
- 冲突急需解决时，或者出现危机、需要当机立断做出决定时
- 需要执行不受欢迎的决策时

鸵鸟型：

- 风险不大或者问题无关紧要时
- 冲突会对工作关系造成伤害时
- 自己的需求不太可能被满足时
- 相比于解决冲突，阻止冲突好处更大时
- 相比立刻做出决策，收集信息更重要时
- 他人可以更有效解决冲突时
- 因为时间限制需要推迟时

犬型：

- 相比于其他事情，维持良好关系更重要时

· 对于调解人来说，不需要建议或者改变时

· 一方处于绝对优势或者劣势，想要尽量降低损失时

· 时间有限时

· 重视和谐稳定时

鱼型：

· 保持良好关系很重要时

· 无须考虑时间时

· 涉及同伴间的冲突时

· 试图通过建立共识获得认可时

· 学习并尝试融合不同观点时

变色龙型：

· 问题很重要或者很复杂，很难找到简单明了的解决方案时

· 发生冲突的各方势均力敌，都强烈要求维护自己的利益时

· 没有时间限制时

理解这些冲突类型是提高倾听能力的第一步。例如，如果你正在开会，气氛越来越紧张，这时你可以环顾四周，看看与会者都是哪种类型的人。有狮子型的吗？谁是鸵鸟型的？确定他们的冲突类型，我们就能够跳出自己的认知框架，进入他们的框架。正如我们一直所说的，这是有效倾听的第一步。

POX 模型

你的两位朋友山姆和诺亚正在争执，你再一次被夹在了中间。你真心希望他们能够和平相处，不要再吵架了。那么，你能做些什么来帮助他们呢？

1946 年，理论家弗里茨·海德提出了平衡理论，探讨了人和事物之间的关系。海德通过 POX 三角模型非常直观地展示了这个理论。P 代表主体个人，O 代表主体之外的其他人，X 为第三因素。这三个因素分别位于三角的三个顶点处（如图 8–1 所示）。

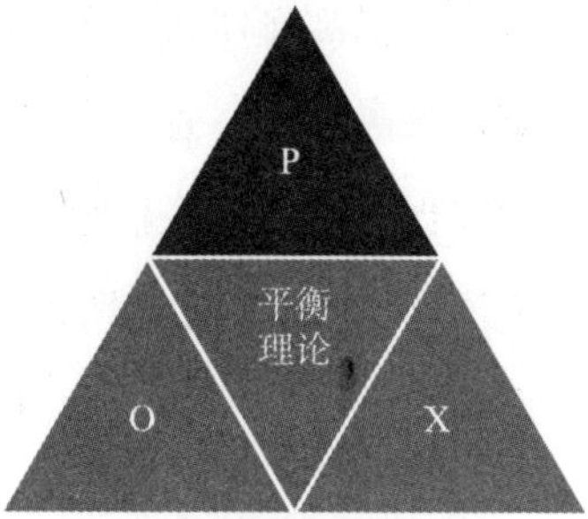

图 8-1

在我们给出的例子中，你就是 P，山姆是 O，X 是诺亚。当状态平衡时，三个因素彼此之间的联系都是积极的（如图 8-2 所示）。

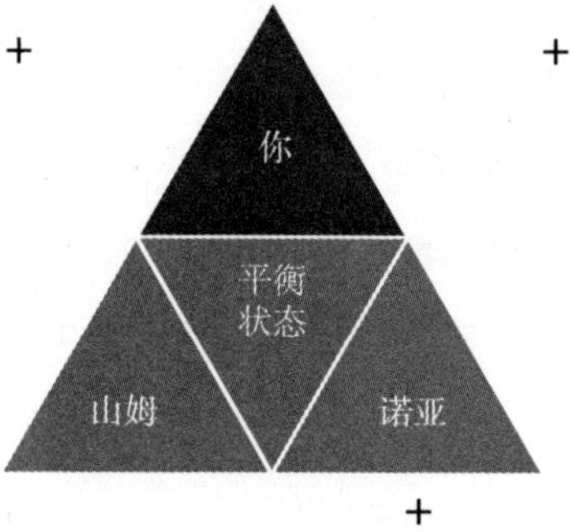

图 8-2

但是当其中一个联系由积极变消极（如山姆和诺亚吵架），整个三角就会失去平衡（如图 8–3 所示）。

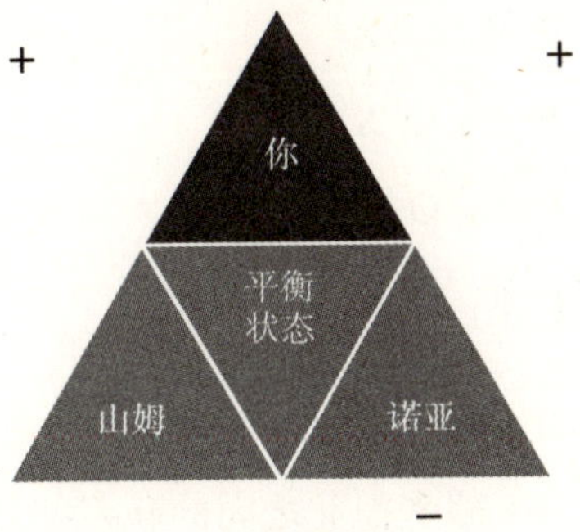

图 8–3

平衡关系通常有四种情况：

- P+O，P+X，O+X
- P–O，P–X，O+X
- P–O，P+X，O–X
- P+O，P–X，O–X

有四种非常典型的不平衡关系可以转化成上述的平衡关系。

- P+O，P−X，O+X
- P+O，P+X，O−X
- P−O，P+X，O+X
- P−O，P−X，O−X

例如：

平衡关系：P+O，P+X，O+X——你赞同山姆，你赞同诺亚，山姆赞同诺亚。

不平衡关系：P+O，P+X，O−X——你赞同山姆，你赞同诺亚，山姆不赞同诺亚。

当不平衡时，系统就会出现所谓的“失调”。失调是一种心理上的紧张，每当出现不平衡时就会产生。我们心理上希望恢复平衡。要恢复平衡，一个方法就是了解三角中其他人的冲突类型。

我朋友的朋友是我的朋友。

我朋友的敌人是我的敌人。

我敌人的朋友是我的敌人。

我敌人的敌人是我的朋友。

恢复平衡

要想恢复平衡、减少冲突，你必须仔细倾听每个人的表述，确定他们的冲突类型，然后根据他们的冲突类型来建立框架。

- **狮子型：**这种类型的人竞争意识很强。他们更重视“获胜”而不是彼此之间的关系，充分展示达成协议就是“获胜”。
- **鸵鸟型：**这种类型的人会不惜一切代价避免冲突。对他们来讲，没有什么不可调和的冲突，大家只是看事物的方法不一样罢了。

- **犬型：** 这种类型的人把关系看得比什么都重要，为了维持关系，他们会迁就对方的要求。这种类型的人看重的是你们三个人彼此之间的关系。

- **鱼型：** 这种类型的人就像一群鱼，重视团结协作。他们想要找出一种方法，让每个人都能够从中获益。这与其说是一种类型，不如说是一种技巧。当你试图重建平衡时，你就需要这样做。

本章重点讨论人们处理冲突时所展现出的不同类型，并提出了一个模型，说明不平衡是如何产生的。在第四部分，我们将介绍一些高效倾听技巧，帮助你在倾听中获得有效信息，进而解决（或者预防）沟通失败。

对他人敏感不是一项微不足道的技能；相反，它是人类一种十分珍贵的能力。这种能力并不复杂，只需一个人具备接受他人的能力和愿意倾听的意愿。

——詹姆斯·库泽斯和巴里·波斯纳

我的倾听日志

冲突的五个阶段

冲突源于每个人不同的认知框架，即对消息的不同理解。

回顾一下冲突的五个阶段：

1. 潜伏阶段：有潜在冲突。

2. 知觉阶段：冲突处于认知层面。冲突一方或者双方可能认识到了冲突的存在。

3. 感觉阶段：冲突处于感觉层面——冲突双方开始感觉烦躁。

4. 显性阶段：双方在行为上开始出现冲突——充满敌意、争吵，甚至发生肢体冲突。

5. 冲突后果：冲突造成的影响。

在笔记本或者日志中，回答下列问题：

1. 在你和他人的关系中，你和谁之间经常存在潜在冲突。

2. 你最近一次在交流中清楚感觉到冲突是什么时候？对方也感觉到了吗？

3. 你是如何应对感觉阶段的冲突的？你会有什么感受？

4. 在显性冲突阶段，你做过最糟糕的事情是什么？

5. 上个问题中你做的事情带来了什么后果？

解决冲突的三个阶段

要想最大限度理解本部分内容，你可以找个人一起进行角色扮演。但要注意，一定不要找和你有冲突的人一起练习，因为你们很可能会再次吵架。选一个和你没有什么冲突的人练习。

阶段一：了解对方的看法。

阶段二：解释自己的观点。

阶段三：寻找解决方案。

阶段一：了解对方的看法

1. 确定你当前的目标是相互理解，而不是解决问题。

2. 引导对方说出他关于当前问题的想法、感受和渴望。

3. 向对方寻求帮助，尝试理解。尽量不要为自己辩护或提出异议。

4. 用自己的话重复对方的立场，确认自己是否理解了对方。

5. 请对方纠正你的理解，重述对方的立场。

6. 重回你的立场，继续。

7. 重复前六个步骤，直到对方认为你理解了他的立场。

在你的笔记本或者日志中，描述一个你和别人产生冲突的场景，然后运用上述步骤。换句话说，详细记录如果你回到当时，你可以如何帮助对方说出他的看法。例如："你觉得在辛苦工作一周后，你需要去酒吧放松一下，然后再回家，对吧？"

注意，交流时，不要带任何不好的语气或者负面的情绪。

阶段二：解释自己的观点

1. 提出公平倾听的要求——我听你说，你也要听我说。

2. 首先解释对方的想法和感受对你的影响。

3. 认真解释你的想法、感受和渴望，强调这是你认为的“真相”，而不是唯一的“真相”。

4. 必要的话，重述你的立场——纠正不符合事实的部分。

5. 检讨各自的立场。

接下来，在你的笔记本或者日志中，根据阶段一叙述的场景，记录你可以如何解释你的立场。一定要注意，沟通时一定要明确这是你的认知框架，是你的立场，不是唯一的真相。例如：“对我来说，辛苦工作一周后，周末我想和你待在一起，这对我来说是件很快乐的事。你明白我的意思吗？”

阶段三：寻找解决方案

1. 确定你们相互理解，双方都愿意思考多种解决方案。

2. 集思广益，寻找更多的解决方案。

3. 如果冲突双方很难找到都认可的方案，那么考虑一下下面的建议：

- 花时间继续思考，咨询他人或者相互交换意见，然后再次商量。
- 接受中立性质的仲裁、调解或者劝告。
- 对备选方案做出让步。
- 轮流使用备选方案。
- 一旦对方认真全面考虑你的方案，就要做出暂时的让步。
- 充分认真考虑对方的立场后，维护自己的立场。
- 求同存异，尊重彼此。然后，如果可以的话，就争论的问题，各自寻找解决方案。

在你的笔记本或者日志中，对上述场景，开动大脑尽量多想几个解决方案。如果你和他人进行角色扮演，那么看看他们有什么创新想法。

冲突类型

- **狮子型：**这种类型的人竞争意识很强，他们看重的是“获胜”而不是彼此之间的关系。他们把冲突看作一场竞争。“我知道，他们一旦看到我的观点，就会改变主意听我的。”这类人秉持的是“我赢你输”的立场。
- **鸵鸟型：**这种类型的人会不惜一切代价避免冲突。对他们来讲，冲突的存在才是问题。争论没有价值，因为它根本不会影响结果。“我宁愿忘记它。”这类人秉持的是“我输你也输”的立场。
- **犬型：**这种类型的人把关系看得比什么都重要，为了维持关系，他们会迁就对方的要求。和狮子型的人完全相反。“好吧，按你说的做。”这类人秉持的是“你赢我输”的立场。
- **鱼型：**这种类型的人就像一群鱼，重视团结协作。他们想要找出一种方法，让每个人都能够从中获益。这类人秉持的是“你赢我也赢”的立场。

· **变色龙型：**这种类型的人为了和另一种类型的人交流，可以暂时调整自己的类型。

在你的笔记本或者日志中，回答下列问题：

1. 你认识的人中，谁是狮子型的人？
2. 你认识的人中，谁是鸵鸟型的人？
3. 你认识的人中，谁是犬型的人？
4. 你认识的人中，谁是鱼型的人？
5. 描述一段当你或你认识的人呈现出变色龙型冲突方式的经历。
6. 你的主导类型是什么？
7. 你的隐含类型是什么？

POX 平衡理论

平衡关系通常有四种情况：

· P+O，P+X，O+X

- P−O，P−X，O+X
- P−O，P+X，O−X
- P+O，P−X，O−X

有四种非常典型的不平衡关系可以转化成上述的平衡关系。

- P+O，P−X，O+X
- P+O，P+X，O−X
- P−O，P+X，O+X
- P−O，P−X，O−X

你正在看电视广告，这时一个演员出现，表扬了一名政治家。在你的笔记本或者日志中，根据下列陈述，写出对应的 POX 公式。P 代表你，O 代表那个演员，X 是政治家。

1. 演员和政治家，你都很喜欢。
2. 你不喜欢演员，但你喜欢政治家。
3. 演员和政治家，你都不喜欢。

4. 你喜欢演员，但不喜欢政治家。

针对上述四中情况，你通常会如何反应？

和平不是没有冲突，而是在应对冲突时，采用创造性的方法，代替消极的、进攻性的方法，暴力更不可取。

——多萝西·汤普森

第四部分

掌握有效倾听的技巧

第 9 章

进行深度倾听

最重要的事情就是不停地提问。

——阿尔伯特·爱因斯坦

皇帝三问

一天，一位皇帝突然觉得，有三个问题，只要他知道答案，那么他以后对任何事情都不会感到困惑。这三个问题是：

> 做每件事情的最佳时机是什么？
>
> 谁是最重要的合作对象？
>
> 无论何时，要做的最重要的事情是什么？

于是，皇帝向全国颁布了一道法令，宣称无论谁，只要提供了正确答案，就会得到丰厚的奖励。许多人一得到消息，就即刻前往皇宫，他们都带来了不同的答案。

针对第一个问题，有人建议制作一个详尽的时间表，规定好每小时、每天、每月、每年要完成的任务，并严格执行。只有这样才能在最佳时机完成每一项任务。

另一个人提出，提前做计划是不可能的，皇帝应该放弃一切无谓的消遣，专心做每一件事，只有这样才能确定完成每项任务的最佳时机。

也有人坚称，皇帝一个人不可能具备洞察一切的远见和能力，不可能知道完成每个任务的最佳时机，所以皇帝应该建立智囊团来辅佐他。

还有人认为，有些事情需要迅速做出决策，根本来不及磋商。但如果皇帝想要提前知道将发生什么，他应该咨询术士和占卜师。

针对第二个问题，每个人看法依然不同。

一个人说，皇帝应该完全信任他的大臣们，另一个人则力劝皇帝依靠牧师和僧侣，还有人推荐医生。当然，也有人认为应该相信战士。

面对第三个问题，大家也是各执一词。

有人表示科学最重要，有人坚称宗教最重要，还有人宣称军事力量最重要。

皇帝对这些答案都不满意，都没有给予这些人任何奖励。

思考了几个晚上后，皇帝决定去拜访一位隐士。这位隐士居住在深山里，据说是一位智者。皇帝知道，这位智者从来不下山，而且只接待穷人，并拒绝结交权贵，但皇帝依然希望能找到他，向他请教这三个问题。因此皇帝把自己假扮成一个普通农民，命令随从在山脚下等候，而他自己一个人爬山去寻找隐士。

皇帝在到达智者的住处时，发现智者正在茅屋前的花园里耕作。看到陌生人，智者点头表示欢迎，继续干活。显然，农活对这位老人来讲是非常艰苦的。他每用锹挖一次地，都累得气喘吁吁。

皇帝走近他说："我来这里是想向你请教三个问题——做每件事情的最佳时机是什么？谁是最重要的合作对象？无论何时，要做的最重要的事情是什么？"

智者专心倾听，然后拍拍皇帝的肩膀，就继续干活去了。皇帝说："你一定累了，我来帮你吧。"智者道谢，并把铁锹递给了皇帝，然后坐在地上休息了。

挖了几下之后，皇帝停了下来，又向智者提出了那三个问题。智者还是没有回答，而是站起来，把手伸向铁锹，说："你为什么不休息一下？我休息好了，可以继续干了。"但皇帝没有停下来。一个小时又一个小时，时间很快过去了，太阳开始下山了。皇帝放下铁锹，对智者说："我来这里，是为了向你请教问题。如果你不能帮我，请告诉我，我好尽快赶路回家去。"

智者抬起头问皇帝："你有没有听到有人正在跑过来？"皇帝转头望过去。一个长着白色长胡子的人从树林里跑出来。他疯狂地向前跑着，双手紧紧按着腹部的伤口，伤口还流着血。这个人径直向皇帝跑来，还没到皇帝跟前，就失去知觉，倒在地上，发出痛苦的呻吟声。皇帝和智者解开这个人的衣服，发现他身受重伤。皇帝帮他清洗了伤口，并用自己的衬衫包扎了伤口，但一会儿，衬衫就被鲜血浸透了。皇帝清洗了衬衫，再次包扎伤口，如此反复多次，直到伤口不再流血。

最后，当受伤的这个人恢复神志后，他要求喝杯水。皇帝跑向溪边，为他打回来一壶清水。这时，天已经完全黑了，并渐渐变冷。智者和皇帝一起把这个人抬入茅屋，放在床上。这个人闭着眼睛，静静地躺在床上。皇帝因为爬了一天的山，而且又在花园里干了农活，累坏了，靠在门边，很快就睡着了。当皇帝醒来时，太阳已经升得很高。有一刹那，皇帝忘记了自己在哪里、为什么来这里。他看向床上那个受伤的人，发现对方也正困惑地看着他。这个人凝视着皇帝，然后用微弱的声音说："请饶恕我。"

"你做了什么，需要我饶恕你呢？"皇帝问道。

"您不认识我，陛下，但我认识您。我是您的死敌，在上次战争中，您杀死了我的兄弟，抢走了我的财产，因此我发誓要向您复仇。当我得知您一个人上山寻找智者时，我决定在您返回的路上伏击您，但等了很久也没看见您。于是我离开了埋伏的地方，出来找您。我没有碰见您，但却遇到了您的随从，他们将我打成重伤。幸运的是，我成功逃脱，并来到这里。如果没有遇见您，现在我肯定已经死了。我原本想要杀您，而您却救了我的命！我感觉无地自容，同时对您的感激无以言表。如果我能活下来，我发誓，此生我将成为您忠实的仆人，并吩咐我的后代也效忠您。请赐予我宽恕吧。"

皇帝喜出望外，没想到这么轻易就化解了一个死敌。他不仅宽恕了这个人，还承诺归还全部财产，并派遣自己的医生和仆人前来照料，直到这个人康复为止。皇帝在吩咐仆人把这个人送回家后，又回来见智者。回皇宫之前，皇帝想最后再请教一次智者那三个问题。他看到智者正在昨天挖过的土地上播种。

智者站起身，看着皇帝说："你的问题已经有答案了。"

"什么？"皇帝问道，满脸困惑。

"昨天，如果你没有因为我年老而怜悯我、帮我挖地，那么在回去的路上，你就会被那个人伏击，然后你就会深深后悔没有留在我这里。因此，最重要的时机就是你帮我挖地的时候，最重要的人是我，最重要的事情是帮助我。

"后来，当受伤的那个人跑过来时，最重要的时机就是你给他包扎伤口的时候，因为如果你没有照料他，他可能就死了，你就无法和他达成和解。同样，他也是最重要的人，最重要的事情就是照料他。

"记住，最重要的时刻只有一个，那就是现在，只有当下的时间是我们可以支配的。最重要的人是现在在你身边的人、在你眼前的人，因为没人知道你将来会和什么人打交道。最重要的事情就是让你身边的人快乐，这才是人生的意义。"

阶梯形问题模型

这篇故事虽然短小，但意义深远。它不仅表明了不同问题的力度，也表明了倾听的力量，以及关注当下交流对象的重要性。同时它还强调了要提有意义的问题、要会倾听答案。

在本章，我们会提供阶梯形问题模型（见图 9–1），帮助倾听者有效提问，从而让交流沟通变得越来越有意义。

图 9–1

基础问题通常是封闭性问题（答案一般为简单明了的事实）。这样的问题是为了确定基本信息，如：

> “你最晚什么时候要？”
> “最后由谁做决定？”
> “现在你怎么进行这一步？”

思考性问题一般为开放性问题（提问是为了引出评论，而不是简单事实）。这类问题旨在鼓励对方解释信息的意义，以使我们充实所获的基本信息。如：

"如果你能……那意味着什么？"

"你觉得这会对你的部门产生怎样的影响？"

"在你所列出的问题中，哪个最亟待解决？"

评估性问题促使对方分享他们的想法和观点。要想继续有意义的沟通，这类问题最为有效。如：

"你觉得怎么样？"

"我解决你的问题了吗？"

"怎么做对你有利？"

通常，人们回答的是他们认为你正在问的问题，

而不是你真正在问的问题。

本章开头介绍的短篇故事中存在的一个问题是，皇帝最初提出问题时，整个王国中没人知道他问的是哪类问题。人们认为皇帝问的是一个基础问题。（“谁是最重要的合作对象？”“大臣们。”）

皇帝认为自己问的是思考性问题（“最重要的追求是什么”）。智者听明白了皇帝的问题，知道他问的是思考性问题，因此给了他一个非常有意义的答案（“最重要的事情是让你身边的人快乐，这才是人生的意义”）。

常见的倾听错误

要想让自己提出符合场合的问题，并且回答问题时也能够给出恰当的答案，那么根据倾听者对沟通对象关注程度的不同，有几个常见的倾听错误一定要注意。

- **只听开头：** 别人刚说了几句话，我们立刻就开始思考我们自己要说什么话作为回应，然后就开始寻找插话时机。由于我们要花时间准备我们自己要说的话，因此也就无心关注对方说了什么。

· **选择性倾听：** 只会用心倾听某些特定的事情，却忽略其他事情。我们只会倾听我们想听到的，其他一概不听。

· **假听：** 假装在听，实际上什么也没听见。假装在听的人会在适当的时机点头或者微笑，但他其实什么也没有听进去。第3章例子中的莉亚就是这样一个人。但假听也不一定是坏事，对那些不得不倾听很多无关紧要的事情的人来讲，这是一个不错的技能。政客就是一个最明显的例子。当某个人和政客说话时，政客的目的是在短时间内给对方留下一个好印象。他们可能以后再也不会遇见彼此。但是，如果你想开启一场有意义的沟通，那你应该避免假听。

· **半听不听：** 这是我们绝大多数人常干的事情。我们一开始想得很好，认真倾听对方说话，但慢慢就会分心，陷入自己的思绪。当对方继续话题，而我们却不知道对方说到哪里时，那就可能出现矛盾。而且，如果说话者突然问你的看法或者建议，你也会很尴尬。如果真出现这种情况，最好的解决方案就是承认你没跟上对方的思路，礼貌地请对方重复一下他之前所说的话。

正确的倾听方式是：

- **全听：**全听情况下，倾听者密切关注说话者。这意味着倾听者认真理解说话者所说的全部内容。这是一种积极的倾听形式，听的过程中，会停顿总结或者验证自己是否全部理解了谈话内容。相比于半听不听，全听需要付出更多的心力，需要长时间集中精力。
- **深度倾听：**深度倾听时，倾听者不仅听明白说话者说了什么，还明白了说话者的言外之意，理解了说话者。深度倾听不仅要注意说话者的话，还要关注说话者本身。如果你尊重某人，只通过言语表达，很难让人相信。真想让别人感觉到你的尊重，要以行动说话。深度倾听就是最有效的行动。

沟通失败

有些话一说出口，就可能直接导致两个人的沟通失败，例如：

1. 别那么搞笑!
2. 太贵了。
3. 那不是我的责任。
4. 我们没有时间。
5. 我们以前从不做那个。
6. 我们这儿以前从不这么做。
7. 如果没坏，就不要修了。
8. 我们还没准备好。
9. 老狗学不了新把戏。
10. 它卖不出去的。
11. 我们会成为全公司的笑柄。
12. 我以前试过，但没用。
13. 不可能办到。
14. 变化太大了。
15. 那将会让我们的设备被淘汰。
16. 那真不是我们的问题。
17. 还是面对现实吧。
18. 成立个委员会再决定。
19. 我要把这些数据再看一遍。

20. 这不在我们预算内。

21. 没有它，我们一直都完成得很好。

22. 在这里行不通。

23. 好吧……如果没用，你觉得谁该负责?

24. 就我个人而言，我不同意……如果你坚持的话。

25. 你疯了吗?

如果你发现自己在沟通时说上面的话，那么不要再这样说了，因为对方很可能会觉得自己没有“被倾听”。但如果某个人和你说了上面的话，你可以尝试一下，看看能不能阻止沟通失败。

鼓励对方

要想在问题阶梯中更上一层楼，在全神贯注倾听的同时，你可以利用某些话语刺激对方，鼓励对方敞开心扉，畅所欲言。

- 是吗?

- 用什么方法?
- 怎么会这样?
- 和我详细说说。
- 给我举个例子吧。

当你说出上面的话时，对方得到鼓励，就会从基础问题上升到思考性问题，最终从思考性问题上升到评估性问题。

面试法

深入了解他人，有助于我们有效倾听他人的心声。要做到这一点，最好的方法就是问一些有意义的问题。美国卡内基训练机构研究了一个方法，叫作“面试法”，包括一系列问题，目的是让倾听者提出有效问题。在这个过程中，有三类基本问题。

事实问题：这些问题围绕事实信息展开，是谈话中很典型的问题。如：

- 你在哪里长大的?

- 你在哪里接受的教育？
- 你们怎么认识的？

因果问题： 这些问题的目的是确定事实信息背后的动机或者原因。

- 什么促使你父母搬到这里的？
- 你为什么会上那所学校？
- 你怎么来这里工作的？

价值观问题： 这些问题有助于你更好地理解对方的框架。

- 描述一个对你生活产生重大影响的人。
- 如果让你重新选择，你会怎样做？
- 生活中，你遇到的最困难的事情是什么？你是怎样面对的？

深入了解他人，有助于我们有效倾听他人的心声。要做到这一点，最好的方法就是问一些有意义的问题。

问题练习

现在，我们来做个练习，巩固我们所学到内容。按照下面提示，确定问题类型。答案在页脚。[①]

基础问题

评估性问题

思考性问题

事实问题

因果问题

价值观问题

a.“什么时候开会？”

b.“你的车胎怎么瘪了？”

c.“蓝色和红色，你更喜欢哪个？”

d.“你为什么吃素？”

e.“订购备件有什么流程？”

f.“哪辆车让你行程更顺利？”

① a. 事实问题　b. 因果问题　c. 评估性问题　d. 价值观问题　e. 基础问题　f. 思考性问题

本章信息量非常大，都和倾听息息相关，十分重要。我们提出的问题源于我们的认知框架。为了有效倾听，我们有必要了解他人的框架，只有这样，我们才能够在恰当时机，提出有意义的问题。

下章我们将探讨另一个主题——通过肢体语言倾听。下章同样有大量信息需要大家了解。

从小，我们就爱提问，问问题是大脑天生具有的功能。对于小孩子来讲，寻求问题的答案就同需要食物和水一样，这是一种根深蒂固的渴望。

——艾莉森·高普尼克

第 10 章

观察非言语行为

我们接触世界的方式有且仅有四种：我们的行为、我们的外表、我们所说的话语、我们说话的方式。他人正是通过这四种接触对我们加以评价和分类的。

——戴尔·卡内基

罗伯特以前是一位警察。今天，他将要见他女儿的男朋友，这是两人第一次见面。罗伯特的女儿艾米丽 16 岁，她的男朋友乔伊还有几个月满 18 岁。乔伊已经见过艾米丽的妈妈温迪几次，但还没见过艾米丽的爸爸。

艾米丽和温迪一整天都在说乔伊有多好，他有多么期待见到罗伯特。但罗伯特的回答一直是："见面再说。"罗伯特不仅是一位想要保护女儿的父亲，他还曾受过专业训练，能够通过人的肢体语言了解一个人。

门铃响了，罗伯特走过去打开门。

"您好，史蒂文森先生。我是乔伊，很高兴见到您。"乔伊一边满脸笑容地说，一边伸出手和罗伯特握手。

“进来吧，孩子，请坐。”

乔伊阔步走向沙发，坐了下来，然后跷起二郎腿，一只手臂搭在了沙发上。

（“他看起来相当自信。”）

罗伯特开口说道：“和我介绍一下你自己吧，乔伊。你在学校成绩怎么样？”

乔伊镇定地回答道：“好的。上学期我被评为了优等生。”说到这里，乔伊扬了扬眉毛，然后开始摩挲手指。

（“有意思。在我问他成绩前，他似乎一点儿也不紧张。”）

“在艾米丽之前，你有过正式交往的女友吗？”

乔伊向前探了探身，用手捋了捋头发，回答说：“呃……没有。我大一时有过一个女朋友，她叫蒂凡妮，但我们相处时间不长，我觉得学习更重要。”然后乔伊舔了舔嘴唇。说完话后，他抿起嘴唇来。

（“这个孩子越来越紧张了。让我们来看看他是怕我，还是他在前女友和成绩这些事上说谎了。”）

“这周末你会去看比赛吗？我很高兴我支持的球队打进季后赛。”

乔伊脸上开始有了笑容，身体后倾，放松下来，说：“是的，我父亲每年都会举办聚会。全家都会去。实际上，我邀请了艾米丽一起。当然，如果您允许的话……。”

就在这时，温迪和艾米丽走了进来。温迪问：“你们两个说完了吧？乔伊和艾米丽看电影要迟到了。”

当两个年轻人走出前门，温迪碰了一下丈夫的手臂，说：“我跟你说什么来着，很不错的一个男孩吧？”

（“也许。但他有一些可疑的迹象，我要密切关注一下他，看看到底是怎么回事。”）

非言语倾听

据说，在与他人交流时，只有 7% 的交流是基于我们所说的话，38% 的交流是通过我们的语音变化实现的，而基于非言语行为的交流高达 55%。虽然这些数字因为来源不同可能会有所差别，但不可否认的是，交流中很多时候，我们是通过观察话语之外的行为来“倾听”对方的。

在上面的例子中，乔伊的肢体语言给出了很明显的信号，哪些话让他感觉舒服，哪些话让他不舒服。罗伯特看穿了乔伊的非言语行为，倾听到了他非言语交流的含义。他知道怎么观察并解读一个人。

非言语沟通是指一切不包含话语的沟通形式。

观察的十大基本准则

前FBI特工、肢体语言专家乔·纳瓦罗在其著作《FBI教你破解肢体语言》（*What Every Body is Saying*）中总结了观察的十大基本准则。在你进行非言语沟通时，可以参考借鉴一下。

1. 要做一个称职的观察者，就必须时刻留心观察周围世界。

2. 观察一个人的非言语行为时，必须结合一定的环境（这个环境是指这个人全部的生活）。

3. 确定一个行为的出现是源于这个人的大脑，还是受文化的影响，这一点很重要。

4. 这些行为是这个人独有的吗？很多人会有一些习惯性的行为。

5. 如果你正在研究表达思想、感情或意图的非言语交流，那么最好对一系列行为进行研究，不要只观察一件事。

6. 问问自己："正常情况下，这个人会有什么行为？"

7. 问问自己："哪些行为很反常？"

8. 关注首位行为。也就是说，注意观察最直接的表现（它才是最准确的信息），并以它为分析非言语沟通的基础。

9. 观察时不应侵犯到他人。

10. 当你看到一个行为，但不确定它代表了什么意思时，那么可以把它归下类，看看它是属于让你舒服的一类，还是让你不舒服的一类。

在文章开头的场景中，罗伯特需要确定乔伊某些行为表现的原因——他之所以感觉不舒服，是因为见女朋友父母，还是因为某些具体话题，如他的成绩或者前女友？虽然乔伊表现出来的种种不适迹象并不意味着他说谎了，但的确引起了罗伯特的警惕。在这个事例中，罗伯特用一个中性的问题（看比赛）衡量了乔伊的总体舒适度。

肢体语言

倾听很大一部分要借助于观察非言语行为，因此清楚应该注意哪些地方，对倾听是十分有帮助的。再次重申，考虑这些事情一定要遵循十大基本观察原则。

在和他人交流时，对方感觉舒服还是不舒服，可以通过一些有趣的肢体动作判断出来，下面我们分别来看一下。

·脚

我们的脚可以看作是情绪显示器。例如，如果一个人站立时，脚跟着地，脚尖翘起，那表明这个人心情很好。如果一个人不停地用脚叩地，那表明他很烦或者很紧张。

脚往往也会揭示一个人的意图。比如，当你正在和人聊天时，突然对方的脚指向了门，这个动作就极其明显地表明了对方的意图："我必须要走了。"

·腿

如果我们跷二郎腿，那通常表明我们感觉很自在，在喜欢的人面前，我们经常有这个动作。在前面的场景中，在不紧张时，乔伊跷起了二郎腿。但面对罗伯特一连串的问题时，他开始感觉不舒服，因此也就放下了腿。

·手臂

最有气势的手臂姿势就是双手叉腰。大多数时候，如果你看到有人站在原地、双手叉腰、手肘向外、腿稍微分开，那表明这个人此时非常具有地盘意识。在人们发号施令时，我们经常看到这个姿势。这是一个很有威严的姿态。它也暗示有问题发生。

如果你想要表明你很感兴趣或者心胸开阔，调整一下手指位置，让拇指对着说话者。

交叉双臂既有积极的含义，也有消极的含义，主要区别在于手臂是否还被紧抓。当正在交谈的两个人都交叉着双臂时，如果他们紧紧抓着手臂，那通常表明他们之间的关系不那么融洽。

除此之外的情况下，交叉双臂不一定都表示消极的含义。例如，交叉双臂并向后靠在椅子上，就给人一种十分放松的感觉。当我们身处一个社交场合，周围都是人时，双手交叉放在胸前，会带给我们一定的自在感。

偶尔，当我们想要寻求一个心理屏障时，我们也会在怀中或身前放一个枕头、毯子或外套之类的东西。

·手

要观察一个人的非言语行为，手是最佳的选择之一。在本章开头的例子中，乔伊和罗伯特紧紧握了下手。握手时十分用力代表这个人控制欲强、具有侵略性。握手时手软弱无力，则表明这个人很内向。女性握手有力通常表明她们乐于接受新事物，但男性则不一定。上级和下级握手时，上级的手更有力，而朋友之间握手的力度差不多。因此，当乔伊用同等力度和罗伯特握手时，他的行为引起了罗伯特的注意。

显然，乔伊和罗伯特之间并不是一种平等关系，乔伊握手过度用力，表明他在努力表现自信。

握手时间过短，表明缺乏兴趣和激情。握手时间偏长，则是支配欲强的信号。

当我们碰触我们的爱人、孩子或者其他与我们亲近的人时，我们往往会用整个手掌去碰触。我们的皮肤会和对方完全接触，例如抚摸妈妈、奶奶或者孩子可爱的脸庞时。如果有人说爱你，那么看看他是否会张开手掌碰触你。

手还可以帮助我们判断准确性。拇指和前两个手指放在一起，可以表示准确性。

在谈论辽阔的事物时，我们可以用“爵士手”——五指完全张开，充分延展。手势语极富表现力，通过手势语，我们能够了解很多不可言喻的事情。你可能注意到了，政客经常这样做。

塔尖式手势是指双手手指的指端一对一地结合，但手掌不接触，就像教堂的塔尖一样，它代表着自信。这是最能展现自信的手势，这个姿势表明我们对我们谈论的内容充满信心。

塔尖式手势是最能展现自信的手势。

·肩膀

想象一下，问一个青春期女孩："你哥哥放学回家了吗？"她耸了耸一边肩膀说："我不知道。"现在来对比一下，这次当她被问"你哥哥放学回家了吗"时，她耸了一下双肩，摊开双手，手心向上，说："我不知道。"你觉得哪个情况下，她的话更可信？

·颈部

当我们感觉有压力时，我们经常会摸脖子放松自己。说话时抚摸后颈是一种典型的不舒服的表现。

在女性感觉不安、痛苦、困扰或者受到威胁时，通常会用指尖或者手掌抚摸颈部和锁骨之间一处凹陷（这个部位在医学上称为"胸骨上切迹"）。

· 头部

通过观察头部，我们也能够观察一个人是否在认真倾听他人说话。当你正在和人说话时，如果在谈话的某一刻你把头自在地歪向一边，那表明你在听对方说话，而如果谈到的内容你并不是很想听，你会立刻挺直头部。

· 前额

在人体上，一个人是否焦虑烦躁，从前额最容易看出来。前额可以精准表现出一个人当时的思想和情绪变化。从一个人的额头，我们很容易看出他什么时候有压力、什么时候感觉舒服、什么时候事情进展不顺、什么时候遇到了困难。在我们上面叙述的场景中，乔伊扬起眉毛，他额头的这个变化表明他对自己说的内容感到烦躁不安。再加上他身体前倾、用手捋头发放松自己，种种迹象都引起了罗伯特的警觉——罗伯特看出他们的谈话内容让乔伊感到不舒服。

·眼睛

虽然大多数人认为，眨眼睛仅仅是在润滑眼睛，但事实上这是一种非常有效的阻断机制。多数时候，当我们听到我们不感兴趣的事情时，我们会眨一下眼睛。时间可以只有0.1秒，也可能稍长一点，而这就是大脑自我保护的一种阻断机制。

很多时候，当你听到一个坏消息，或者有人告诉你让你紧张的事情时，你会发现，在消化这个消息时，你会闭上一会儿眼睛。因此，如果某人在听你说话时闭眼睛了，那很可能他并不是没有在听，而是不喜欢你告诉他的事情。

·眉毛

挑眉是一个表示感兴趣的经典动作，虽然看起来有点滑稽——试想，一位男性看着一位女性，点头挑眉，似乎在说："你好。"挑眉代表了自在或者感兴趣。

想象一下，你遇到一个人，走过去和他握手，他直直盯着你，然后，你遇见了另一个人，走过去和他握手，他看着你，快速挑了一下眉毛。你觉得谁对你感兴趣？

·嘴

真心微笑时，眼睛周围的肌肉也会参与进来。一个真诚的微笑，不仅会让嘴角向上翘起，也会牵动眼睛周围的肌肉，让眼睛也充满笑意。但让人郁闷的是，这样也容易让眼角周围出现鱼尾纹。

假笑（社交式微笑）时虽然嘴角也会向上翘起，但眼睛周围的肌肉不会移动。人们经常据此判断一个人是真笑还是假笑。在罗伯特和乔伊见面时，乔伊脸上带着大大的微笑，罗伯特可以从他眼睛周围的肌肉运动判断他是真笑还是假笑。如果乔伊微笑时带动了眼睛周围的肌肉，那就意味着他真心期待和罗伯特的见面。如果没有，那他就是在假笑，想留下一个好印象。

还记得在谈话中有一刻，乔伊紧紧抿起了嘴唇。当一个人面对很大压力时，常见的一个反应就是紧抿嘴唇，直至别人看不见他的嘴唇。这和这个人是否在说假话无关。紧抿嘴唇是一种压力大的表现。嘴唇紧绷意味着精神紧张。嘴角向下意味着情绪低落。

当然，咬嘴唇和脸颊也可能有其他含义。这就是为什么要在具体环境中观察肢体动作的原因。例如，美国前总统乔治·W. 布什高度紧张或焦虑时会咬脸颊内侧，而美国另一位前总统比尔·克林顿则喜欢咬下嘴唇来表示诚意。

·下巴

我们经常看见这样一个经典动作：一位教授或者心理医生摸下巴尖的部位或者胡子（有真的胡子，也有假想的），表示他正在思考、想问题。

这个姿势和其他摸脸的动作完全不是一回事，尤其是抚摸整个下巴的动作。我们摸下巴往往是为了安慰自己，而当我们思考时，我们只会碰触下巴尖很小的一块地方，大概只有五厘米宽。在上述介绍的场景中，乔伊摸下巴，是因为罗伯特的一连串问题让他感觉紧张。

所以，下次，如果你看见某个人在走路或者坐着时摸自己的下巴尖，那并不意味着他在安抚自己，他是在思考问题，但如果他摸的是整个下巴，那他很可能就是在自我安抚。

通过下巴，我们也可以判断出一个人是否自信、是否有安全感。当我们强大而自信时，我们会抬起下巴；当我们软弱、没有安全感、没有自信时，我们则会缩着下巴。

眨眼、用脚轻叩地、摇晃身体、转身……无不显示这个人迫切想离开去其他地方。

——爱德华·R. 莫罗

·刻意装扮

在整个动物王国，这种现象随处可见。动物通过梳理羽毛打扮自己，目的是为了吸引异性。人类也是动物，我们没有羽毛可以梳理，但我们做发型、选择佩戴的眼镜和珠宝、拉直领带。

在见某个人时精心装扮自己，传递了一个非常强烈的信号。你以这种方式告诉对方的潜意识："你对我来说很重要，为了见你，我专门精心打扮了一番。"但有时为他人刻意整理衣着并不是一件好事。我们经常在电影里看到这样的场景：一个坏蛋想要恐吓一个人时，他会假模假样地帮这个人摘一下衣服上的线头，或者调整一下眼镜。这是对人的不尊重。如果这个人允许这样的行为继续，这无疑有力地证明了这个人处于弱势。

· 安抚

人们通常觉得，自我安抚是婴儿特有的行为。为了让自己平静下来，婴儿会吸吮手指或者捻头发。虽然自我安抚的行为确实常见于小孩子，但成年人同样会安抚自己。下面是成年人自我安抚的一些例子。如果你看到某个人在做这个动作，那意味着他当时很焦虑烦躁。

★摸额头

★揪头发

★摸鼻子

★摩挲鼻子

★揪上嘴唇

★抚摸下巴

★摩挲耳朵

★揪耳垂

★转笔

★折回形针

★玩橡皮圈

★摩擦手指

★玩首饰（转戒指或者不停拽项链）

用非言语沟通来表示倾听

本章我们重点讨论了如何通过观察非言语信号倾听他人的话语、倾听他人的言外之意。

同样，你也可以利用这些非言语信号告诉其他人，你正在认真倾听他们讲话。

在倾听时，你可以利用非言语信号“SOFTEN”（意为“软化”）他人的态度。“SOFTEN”即：

S= 微笑（Smile）

O= 开放的姿态（Open posture）

F= 身体前倾（Forward lean）

T= 接触（Touch）

E= 眼神交流（Eye contact）

N= 点头（Nod）

本章重点强调了观察肢体语言对倾听的重要性。

在下一章中，我们将探讨当你和某个人不是面对面接触时，如何准确“倾听”出对方的意思。

第 11 章

新千年的倾听

社交媒体只是一个平台。

——马克·库班

嗨，罗伯。我想告诉你，我和克里斯开始约会了。我们是认真的。

克里斯，我的大学室友？就是新年时我介绍你认识的那个人？当时你还是我的女朋友。

是的，就是他。但是，听着，你已经和我分手了，我想你并不在乎我们是否开始交往。我们原本没打算在一起。最初只是玩玩而已。

瑞秋，你还记得我为什么和你分手吗？因为我发现你给我弟弟发短信了。

那不一样，你明白的。

那好吧。恭喜你们。我为你们感到高兴。祝你们永浴爱河。

谢谢，罗伯。我知道你会理解的。☺

书面沟通：最容易被误解的方式

我们多多少少都有过因为书面沟通而被误解的经历。我们经常发短信或邮件给某个人，谈论事情或者回复对方。如果他误解了我们，接下来的事情可想而知——冲突不可避免。

上面的场景只是一个例子。缺少了非言语的暗示或者语调差异（如音量、音调和说话节奏的变化），单纯的书面交流很容易产生误解。

而且，问题远不止如此。在如今这样一个文字时代，每个月有数十亿用户活跃在社交平台上。每天，有数以百万计的邮件和短信被发送出去，这也就难怪书面沟通造成这么多的冲突了。

用文字表达情绪

上面的场景说明了我们在用文字表达情绪时所面临的挑战。瑞秋告诉她的前男友，自己开始和他的室友约会了。这是要传达的消息。口语交流时，我们通常能够获得语境线索，在上述的场景中，由于没有这些线索，我们就无从得知瑞秋的认知框架。因为她的认知框架会影响她编码消息，而且她要传递的是一个比较难以出口的信息，这是可能产生冲突的第一个时刻。瑞秋告诉罗伯的动机是什么？是她自己犯蠢？还是因为好心，不想让罗伯从别人口中得知这件事，所以她才直接告诉罗伯？还是因为，她看见罗伯和其他人约会了，想要报复罗伯，才故作甜蜜地告诉罗伯她和克里斯约会了？

正如我们了解到的，在口语交流中，语境线索可以让倾听者理解说话者的认知框架。没有了这些语境线索，就只能靠倾听者自行理解了。

同时，我们也知道，倾听者的认知框架会影响消息解码的方式。在上述场景中，罗伯根据他对消息的解码，给出了三种不同的反应。由于瑞秋是他的前女友，而且曾和其他男性有过不当的交流（记住，如果我们与某人有过一段来往，或者有重复的互动，我们往往会以此判断我们和对方的所有互动交往），所以罗伯并不看好他们之间的关系。

海德的平衡理论告诉我们，如果罗伯对瑞秋印象好，那么他很可能会欣然接受瑞秋和克里斯的关系。

语境线索

《老友记》（*Friends*）是 20 世纪 90 年代非常有名的一部美国情景喜剧，下面是里面的一对兄妹——罗斯和他的妹妹莫妮卡之间的对话。莫妮卡正在告诉她的哥哥，她和他们共同的朋友钱德勒谈恋爱了。

在一开始，罗斯很震惊，觉得自己受到了伤害，语气有些愤怒。

罗斯：我妹妹和我最好的朋友。我简直无法相信！

莫妮卡：很抱歉，但这是真的，我也爱他。

随后，罗斯意识到他爱的两个人彼此相爱，真是太神奇了。他语气也变得快乐起来。

罗斯：我妹妹和我最好的朋友。我简直无法相信！

然后他们拥抱在一起。

现在，想象一下，如果这个对话仅仅出现在短信息里或者其他文字媒介上，那么莫妮卡不可能知道罗斯对她和钱德勒交往是什么感觉。要知道罗斯的态度，她必须看到罗斯的肢体语言，并听到他说话的语气。

口语交流时，我们通常能够获得语境线索，没有这些线索，我们就无从得知对方的认知框架。

解析书面沟通中的语气

你可以试一试下面这个例子。用六种不同的语气，大声说出下列句子。

“我们今天没有一场考试。”

1. 惊讶的语气。

2. 陈述事实。

3. 表明今天不考试，但你要做其他事情。

4. 表明其他组今天有考试。

5. 表明我们今天根本没有考试。

6. 表明今天不止一场考试。

不同的强调方式会影响对句子意思的理解。

1. 惊讶的语气：我们今天没有一场考试？（注意问号。）

2. 陈述事实：我们今天没有一场考试。（注意音调或语气无变化。）

3. 表明今天不考试，但要做其他事情：我们今天没有一场考试。（注意强调“今天”。）

4. 表明其他组今天考试：我们今天没有一场考试。（注意强调“我们”。）

5. 表明我们今天根本没有考试：我们今天没有一场考试。（注意，强调“没有”。）

6. 表明今天不止一场考试：我们今天没有（不是）

一场考试。（注意，强调“一场”。）

下面介绍几种方法，可以运用在书面交流中，帮助你表明（或理解他人的）语气。

黑体或者大写

在上面的片段中，罗伯用大写来表示强调。通过大写“MY GIRLFRIEND”（意为“我的女朋友”），他强调了一个事实，在瑞秋和他交往期间，瑞秋和其他男性暧昧聊天。这些大写字母表示罗伯在怒吼。

颜文字和图画表情符号

在电子消息中，你可能见过颜文字——表示面部表情的符号。目前，使用最广泛的三个面部表情符号是：

:-) 微笑符，意思是“我很高兴”。

;-) 眨眼符，意思是“我开玩笑呢”。

:-(皱眉符，意思是“我很伤心或者很失望”。

类似的颜文字有很多，如“%^P”表示生病，“>:-<”表示生气，“:-o”表示震惊，但因为不常见，因此经常被误解。

现在，智能手机上都带有图画表情符号，称作“emoji”，它们让语气的传递变得更容易。在上面的场景中，瑞秋用了一个笑脸表明，她很高兴罗伯接受了她的新恋情（她没有听懂他的讽刺）。

标点符号和缩写

在书面语中，标点符号和缩写也可以表达说话者的语气。

你可能经常看到人们在不确定的时候发“(？)”符号，在不确定怎么拼写时用“(sp？①)”：

> “我们聘请的那位顾问叫什么名字？”
> “胡哲（sp？）。他下周（？）来做调查。”

口语交流中经常出现“呃……”这样的表达，在正式的

① “拼写”一词在英文中为“spell”。——编者注

交流中，这类表达是一种不恰当的表达，是不被允许的。但在非正式的书面交流中，这类表达很有用，可以用来表达惊讶或愤怒的语气。

> “你什么时候给花匠打电话？”
>
> “呃……我上周刚打过。”

或者也可以用来表示对某事的不确定。

> “你订购了多少盒订书钉？”
>
> “呃……大概 17 盒。”

关于缩写，人们最常用的可能是“LOL”。它的字面意思是“放声大笑”（laugh out loud），最初用来表示幽默，后来用来软化一个人说话的语气，以防写出的句子听起来过于尖锐。例如，只写“不要再迟到了”和“不要再迟到了，LOL”所表达的语气非常不同。前者看起来语气生硬，后者看起来有对对方的同情。

同样，当夸大事情或者说俏皮话时，人们通常会用“（jk）”

或者“just kidding”（意为“只是开玩笑”）。使用这样的表达，可以软化语气，确保对方不会误解你的意思。

书面沟通技巧

一般来讲，大多数人觉得自己善于倾听并理解书面消息中传达的语气，但事实并非如此。

《个人社会心理杂志》（*Journal of Personal Social Psychology*）刊登了一篇研究。该研究做了一项测试，请每个受试者通过电子邮件给一个收信人发十句话。有的话是认真的，有的是讽刺的。这些受试者认为，收信人一定可以准确理解他们隐藏在书面消息背后的情绪意图。但事实上，收信人准确判断发信人意图的概率只有 56%，这和碰运气差不多。

如果同样的消息采用录音的方式传给对方，那么收信人可以理解情绪意图的概率是 73%，这和发信人预计的差不多。语音语调能够体现电子邮件无法传递的细微情绪差别。研究人员坚信，在人们打出一句讽刺的话时，他们在脑子里听到的是一句讽刺的话，但他们没有意识到其他人不会采取同样的方法理解这句话。当然，这与消息发送者和消息接收者之间不同的认知框架有关。

下面介绍一些短信或电子邮件交流的一些技巧。

- 如果一条消息让你愤怒，不要立刻回复。生气时，找一位信得过的朋友帮你看一下你编写的消息，确保消息能够如实传递你的态度。
- 可用颜文字或者图画表情符号表达情绪，或者直接陈述你的情绪，如“我很高兴地报告……”
- 大写字母和感叹号表示强调，带给人紧迫感，使用需谨慎。
- 用不确定的符号表明你对自己所说的话的确定程度。

如何回复信息

如果你收到了一条无礼的或者带有冒犯意味的书面消息，不要着急回复。在回复前，认真思考一下自己的认知框架是否影响了自己对消息的理解。问一下自己：“我可以换个方式理解这个消息吗？”

换一个对发送者有利的认知框架，再思考一下。我们来举个例子。拉里和特蕾西制订了这周末的计划，但两人最近一直都在加班。

拉里：嘿，你想取消我们明天参观博物馆的计划吗？你看起来有点累。

特蕾西的第一反应是拉里累了，是他想取消计划，但是他不想直说，他觉得这样说可以表明他很体贴。根据这个框架，特蕾西可能会做如下回复。

特蕾西：喂，如果你太累不想去，可以直说。你不要明明想取消我们的计划却装出一副很体谅我的样子。

但如果特蕾西发送了这条消息，那么很可能会引发争吵。因此她对自己的假设——“他只是假装在乎我的需求”进行质疑，然后思考了一下：“要是他真的只是想关心我呢？”于是她回复的消息就变成了如下内容：

特蕾西：我不太累，谢谢你的关心。如果你很累，我们可以取消计划。

总而言之，电子邮件、短信和社交媒体的出现改变了我们相互沟通的方式。要想有效“倾听”书面沟通的含义，我们尤其要清楚我们的认知框架对解读他人文字消息的影响。

我的倾听日志

倾听阶梯

基本问题确定基本信息。

思考性问题使我们充实所获的基本信息。

评估性问题促使对方分享他们的想法和观点。

在你的笔记本或者日志中，回答下列问题。

1. 举例说明你最近提过的一个基本问题。
2. 举例说明你最近提过的一个思考性问题。
3. 举例说明你最近提过的一个评估性问题。

沟通失败

介绍一个最近你因书面交流致使沟通失败的例子。

介绍一下当时发生了什么。

面试法

面试法包括一系列问题，目的是让倾听者提出有效问题。

找一个人和你一起练习面试法，在你的笔记本或者日志中记录下你们的体验和反应。

肢体语言中的文化差异

到公众场合，观察人们在肢体语言中表现出来的文化差异和其他差异。在你的笔记本或者日志中，记录对下列类别人物的观察结果。

民族 / 种族规范（例如，亚洲人和大洋洲人）
性别差异（男性和女性，以及变性人和中性人）
企业文化（例如，全食超市和西夫韦超市）
政治团体（例如，民主党和共和党）
地理位置（例如，东海岸和西海岸）

收入差别（例如，百万富翁和蓝领工人）

宗教团体（例如，穆斯林和福音派基督徒）

非言语沟通方法——SOFTEN

S= 微笑（Smile）

O= 开放的姿态（Open posture）

F= 身体前倾（Forward lean）

T= 接触（Touch）

E= 眼神交流（Eye contact）

N= 点头（Nod）

在工作或私人生活中，选择一个人去练习这个技巧，然后在笔记本或者日志中记录观察结果。

文字沟通

在笔记本或者日志中，回答下列问题。

描述一个你在短信或电子邮件中和人发生争论的情况。

你能不能找到一个方法，重新思考他人的意图？（如果可能的话，翻看一下谈话记录。）

你是否会利用图画表情符号、缩写或者可以软化语气的表达去缓和气氛？

结语

做一个专注的倾听者

交朋友时，自己主动还是别人主动，结果截然不同——前者两个月内结交的朋友比后者两年内结交的还要多。

——戴尔·卡内基

现在，你应该明白这句话了。至此，对于“如何成为一个更有效的倾听者”，你已经掌握你所需要知道的一切。在探讨了倾听者、消息、说话者的影响因素后，对哪些环节会产生倾听问题，你有了更清晰的认识。

下面我们来总结几个需要消除的“倾听谬见”。

谬见 1　倾听即赞同。争吵中人们常说：“你根本没听我说。”实际上，他们要说的是：“你根本不同意我的说法。”倾听和赞同根本不是一回事。

谬见 2　倾听需要付出努力和代价。实际上，只需专心倾听说话者 45 秒，他们就会感觉自己被倾听了。

谬见 3　假装倾听和真正倾听是一回事。即使当一个人表现出如下行为——眼神交流、模仿对方的肢体语言、复述他们刚刚听到的内容或者其他倾听“花招”，他也不一定在认真倾听。他很可能是在思考自己如何回应，根本没听你在说什么。

谬见 4　倾听太费时间了。对于倾听者来讲，耐心倾听一个人表述完他的看法，有时是非常具有挑战性的，尤其是在你已经知道他会说什么也知道要如何回答时。例如，一个孩子去问他妈妈：“妈妈，这个周六，打完篮球后，我可以……？”妈妈已经知道孩子想说他想去朋友家。她也知道，全家已经有另外的计划，这个孩子不能去。这时，这个妈妈非常想打断孩子，和他说：“不，你不能去约翰尼家，我们必须去看外婆。”倾听不仅仅是听见了说话者说的话，倾听还包括对说话者的认可。因此，这位妈妈必须控制自己，让孩子把话说完，不要打断他，即使她知道他要说什么。

做一个专注的倾听者

一个专注的倾听者，不仅仅要明白听到的内容，还必须能够通过留意说话者的态度、语言水平、语音语调、停顿、非言语沟通信号和其他信息来了解整体情况。

一个专注的倾听者能够后退一步，留意说话者，即使他对这个人所说的内容不感兴趣，或者根本不赞同。例如，假设你的伴侣和孩子都热衷玩电子游戏，而你对打游戏根本不感兴趣。但作为一个专注的倾听者，你需要后退一步，倾听他们的谈话："然后我得到了 14 个金币，去了摩天轮，在那里，我化身……"专注的倾听者会一边倾听，一边心里想："看，他多么开心。那些金币让他非常兴奋。"她不关心那些金币，她在乎的是对方在乎，这让对方感觉自己受到重视和尊重。

专注倾听的障碍

正如我们在本书中所发现的，有多个障碍会影响你用心倾听。虽然你无法控制他人的认知框架，但你可以改变自己的。判断自己倾听时是否需要改变认知框架的一个最简单的方法就是，倾听自己消极的自言自语。沟通中，很多人倾听的是自己带有批评性的内心吐槽，而不是说话者在说什么。有趣的是，和人交流时，喜欢内心吐槽的人更有可能从负面的角度理解对方所说的话。

其他会影响专心倾听的障碍包括：想达成自己的目的、曾经的经历、只顾自己的需要、抵触情绪、偏见、过去的错误、外部干扰、沟通类型差异。沟通类型差异经常导致沟通失败，因为一种沟通类型的人经常“听不懂”另一种沟通类型的人。

虽然倾听是沟通的一个重要方面，但它往往被忽视。要想成为一个优秀的倾听者，首先要知道，有效倾听是一个动态过程。你不仅要理解你自己的信息滤镜、认知框架，还要能够识别影响消息传递的因素，并能在自己假设他人的信息滤镜和认知框架时，对自己的假设提出挑战。

当你成为一个高效倾听者后，和他人的关系自然而然就会改善。

在别人讲话时，认真倾听。大多数人从来不倾听。

——欧内斯特·海明威

现在，你学会倾听了吗

下面来重新做一个自我评估，再次测试一下你自己的倾听技巧，看看通过对本书的学习，你掌握了多少。

认真阅读下列问题，按照下面的评分标准，根据自身情况如实回答问题。

从不　极少　偶尔　经常　频繁

1. 在和他人打电话时，我会一边听电话，一边回邮件或者编辑短信。

2. 听他人讲话时，我会心烦，而且容易情绪化。

3. 交流中，如果不说话，我就会不舒服。

4. 在别人说话时，如果我有相关的事分享，我会打断别人先说，然后再让他们继续。

5. 在和我谈话时，不知道为什么，对方似乎会感觉心烦。

6. 为了让谈话继续下去，我会问可用“是”或“否”回答的简单问题。

7. 我“唱反调”，是为了帮助说话者换个角度看看他们自己说的话。

8. 如果有人不停地重复一件事，我会直接说出他们的心中所想，让他们闭嘴。

9. 沟通时，我会一边听别人说，一边思考自己要如何回应。

10. 我不喜欢和人谈论一些敏感话题。

11. 如果我对某件事态度十分坚决，而对方和我看法不同，我就不会和他谈论这件事。

12. 我不太重视谈话的环境和肢体语言，对我来说，重要的是这个人实际上说了什么。

13. 当对方无法清楚表达自己的看法时，我会说出自己的建议。

14. 如果有人在我正忙时打断我，想要和我谈话，我会非常没有耐心，希望他们尽快结束谈话，我好继续忙我自己的事情。

根据下列评估等级对应的分数，计算出你的得分。

从不＝1 分

极少＝2 分

偶尔＝3 分

经常＝4 分

频繁＝5 分

对应分数解释：

14~29：金牌倾听者

你已经是一个优秀的倾听者了，具备让说话者感觉自己被倾听的能力，人们乐于与你交谈。你感情充沛，在倾听时，能够充分关注对方的反应。请继续努力。本书有助于你更上一层楼，成为一个更高效的倾听者。

30~49：银牌倾听者

人们喜欢和你交谈，但是有时遇到你不喜欢或者令你不舒服的话题时，你会转移话题或者开玩笑。本书介绍的一些方法和技巧，可以帮助你成长，成为一个更有效的倾听者。

50~70：铜牌倾听者

如果你的得分是50~70分，那么你可能认为，和其他人相比，自己是一个不错的倾听者了。但在他人眼中，你可能是一个不太在意别人说什么且经常误解他人话语含义的人。即便如此，也不必担心，在本书中，有很多方法和技巧可以帮助你成为一个优秀的倾听者。

直觉：学会自我倾听

清晨醒来，我总是很兴奋，好奇直觉会送给我什么神秘礼物。我用直觉工作，也依赖着它，它是我的伙伴。

——乔纳斯·索尔克

格里尔·爱泼斯坦是摩根士丹利的执行董事，她的办公室位于纽约世贸中心南塔的第六十七层。在2001年9月11日，格里尔·爱泼斯坦做了一件她平时很少做的事情：上午8点40分，她抽了一支烟。她几乎从不在午饭前吸烟。

但在这个注定的日子里，一位同事给她打电话，想和她讨论一下即将召开的会议，并问她："抽支烟怎么样？"格里尔看了看窗外，美丽的清晨映入眼帘——这也许是她在办公室见过的最晴朗的一天。她心想："为什么不呢？"

乘电梯下楼时，她感到一阵震动，但并没有在意，因为电梯总是出故障。当她和同事走出大楼时，看见很多同事聚在外面，她顺着大家的视线望去——北塔上出现了一个大洞。

当时她并没有意识到发生了什么，心里还想着："这么大的洞，怎么修复啊？"就在这时，一架飞机径直撞向了她所在的南塔。

格里尔幸运地从那场灾难中活了下来，就因为她当时一个简单的想法："为什么不呢？"

几乎每个人都经历过这样或那样的直觉。你正在想某个人，他就打电话来了。你有一种冲动，想换条路去上班，随后发现你平时走的那条路发生了事故。遇到一个人，你立刻觉得这个人不可信。这些直觉都是突然间出现的，并不是有意识评估的结果。

很多人认为，直觉是很奇怪或者不可思议的，但大家都接受"我们所有人都拥有第六感"的说法，即使美国海军（最不可能相信第六感的群体）也相信第六感。

美国海军已经启动了一项计划，目的是研究如何在战斗和其他任务中训练军人，提高他们的第六感或直觉能力。

之所以开展这个项目，是因为很多驻伊拉克和阿富汗的军队回来报告说，就在敌人袭击前一刻，很多人不知道为什么，感知到了危险。

《纽约时报》的一篇文章援引海军研究办公室的话说：

“对人类认知和决策模式的研究表明，人类拥有‘第六感’，通过这种感觉，人类在无意识情况下，无须逻辑推理，就能够感知到某些独特模式，并以此采取行动……

“越来越多的证据表明，直觉（直觉决策）能力让人们得以在模糊的、不确定的、时间有限的信息环境中快速探测事物本质的模式。”

直觉是信息无意识加工的产物。

当一个人猛然间想出一个想法或者出现第六感时，他可以引用德雷塞尔大学心理学教授约翰·库尼奥斯的话来说明：“人们常常认为这是一种超自然现象，因为不知道这个想法来自哪里。但实际上，它是信息无意识加工的产物。”

直觉的定义

那么，直觉到底是什么？下面是我们从学术文献中精选出来的一些定义，供大家参考。

荣格：以无意识的方式传递感知的心理功能。

雪莉和兰格-福克斯：一种在信息不足情况下无须有意识理性思考就可以准确感知情况的思维模式。

伯克和米勒：根据决策者曾经的经历或者情绪经验得出的认知结论。

利伯曼：一种基本无意识的主观体验加工过程，迅捷、无逻辑、无意识。加工者根据对领域或者问题空间的接触，可以准确探测到概率事件。

关于直觉的定义，没有几百个，也有几十个，绝大多数包括如下本质特征。

首先，直觉是无意识的，无须经过有意识的思考。直觉发生时，不是你“想起了”什么，而是你“感觉”或者“知道”了什么。

其次，直觉是一个过程，即环境刺激与某种根深蒂固的（无意识的）认知范畴、模式或特点出现了吻合。这听起来很像我们在本书中提到的认知框架和信息滤镜。

最后，就是直觉的迅捷性。这也是直觉有别于其他认知方式的一个特点。

有很多术语似乎和“直觉”是同义词，但其实和“直觉”完全不同。直觉具有无意识的特点，因此它和洞察力不是一回事。洞察力是经过深思熟虑和分析性思考而获得的理解，而且，获得后我们会留出时间让其“孵化”。例如，一个人想要创业，所以他探索了不同的商业机会，之后他会因为洞察力而蓦然眼前一亮，做出选择。

同样，直觉和本能也不同。本能是大脑中一种固有的机制，它是我们的身体和思想对刺激自动做出反应。例如，从悬崖峭壁边往下看会感觉恐惧。一个人不需要从悬崖峭壁边上掉下来的经历，就会本能地知道要远离它。

直觉的作用

如果直觉是无意识加工环境信息的过程，那么我们如何才能发挥它的作用？学会倾听自己的直觉又有什么作用？

想象一下，当有人对你说谎时，你能够“感觉到”。如果你知道什么时候该信任一个人、什么时候不该信任，那会怎么样呢？在面对他人有理有据的反对时，你如何才能够确信自己的选择和决定没错？此时，最好倾听你的直觉。

直觉源于人们对面部和肢体微表情的观察能力，

源于对环境中看似不同的细微事物的观察能力。

认真观察周围的一切，你就会发现其中的规律。

有些人天生具有这些敏感性，有些人则天生比他人更为敏感。

直觉障碍

有些天才人物发现自己直觉感很差。造成这种情况的一个原因是，他们太忙了。如果我们永远有忙不完的事情，一件接一件，无时无刻不在查手机和社交媒体，走路或者开车时都在发短信，我们就可能会错过那些引导直觉的微妙线索。

有时，我们只是不想倾听我们直觉的提示。如果我们遇到一个很有魅力的人，这时有一个声音小声告诉我们，这个人有点儿不对劲。但因为他很迷人，我们会选择忽视这个声音。当我们因为这个人心碎时，回忆往事，我们会说：“我早就知道会这样。”当我们接了原本不该接的工作，碍于情面借了不该借的钱，或者因别人劝说而做了不该做的决定，我们也许都会发出这样的感慨。

直觉的另一大障碍是负面情绪。当我们情绪激动时，我们的大脑会刺激交感神经系统，它会最大化降低我们面对危机时注意力的广度。如果你在街上被一个坏人追赶，在路过你最喜欢的意大利餐厅时，你可能不会注意里面飘出的蒜香面包的味道。因此，当你愤怒、抑郁或者心情不好时，你的直觉就会逃离你。

事实上，2013 年在《心理科学》（*Psychological Science*）杂志刊登的一篇研究论文表明，在玩文字游戏时，积极的情绪能提高人们的直觉判断能力。

这并不是说直觉不会给人们带来烦恼，但要想更有效地发挥你的直觉，有负面情绪时不要压抑或沉溺其中，要学会接受或释放负面情绪。

培养直觉的八种方法

有哪些方法有助于你发展和相信自己的直觉？下面给大

家介绍八种培养直觉的方法。

1. 冥想。很多人认为冥想就是盘腿坐在坐垫上唱诵。这只是冥想的一种形式，还有一种冥想，它更类似于静默沉思。保持静止不动，让你的思绪像空中的云朵一样飘浮。来自直觉的消息往往是安静的，所以花些时间静默沉思，有助于你倾听并解读这些直觉消息。

2. 发挥感官作用。既然直觉来自环境中的微妙线索，那么调动其他五感就有助于培养我们的第六感——直觉。你听到了什么？你尝到了什么滋味？仔细看看。闻闻气味。动手感觉一下。做生活的观察者。

3. 关注梦境。当你的认知思维忙碌时，你就听不到直觉的声音了。但是当你睡觉时，你的认知思维同样会休息，这时你的潜意识思维就会向你发送信号和消息。

4. 发挥创造力。参与一些创造性的活动，如画画、做剪贴簿或手账，可以让你的认知思维安静下来，让直觉说话。

5. 沐浴。你是不是听人说过这样的话——“我在洗澡时得到了灵感”？温暖的水流、重复的洗澡动作同样会让我们的认知思维安静下来，激发创造性。如果你想要走近自己的直觉，那么洗个澡或者刷刷碗，都可能有帮助。

6. 观察周围的人。在与他人谈话前，或者向别人了解谈话对象前，先观察一下你的谈话对象，看看你能得到什么信息。你观察得越仔细，你会发现你知道的就越多，而且这些都是你通过认知思维无法得知的。

7. 坚持自己的价值观。虽然你本性正直，但有时你的想法可能会产生偏离，而你的直觉永远不会。如果某件事你“感觉”不对，那很可能就是错的。

8. 练习本书介绍的倾听技巧。本书介绍的观念和技巧不仅有助于你成为一个优秀的倾听者，也有助于你倾听你的直觉。正如一个笑话所讲，“之所以自言自语，是因为只有自己永远认为自己是对的”。

我相信直觉和灵感……
有时，我感觉自己是对的。
但我不知道自己是对的。

——阿尔伯特·爱因斯坦

14 天打造优秀倾听者

至此，你已经通读了本书，看或者做了本书提供的练习。现在，到了你全力以赴、学以致用的时候了。不要想着一夜之间就成长为一个完美倾听者。研究表明，小的改变更容易实现和坚持下去，而那些试图追求彻底改变的人往往无疾而终。这一章为大家提供了一个切实可行的计划，从今天开始，坚持 14 天，最终你将成长为一个更优秀的倾听者。有时，当你做出一些小变化后，一开始，效果不明显，但日积月累，你会发现，正是这些小变化带来了显著改善。

当然，你的工作和家庭生活并不是相互排斥的，而是相互影响的。因此，当你变得在工作中善于倾听时，自然而然，在家里，你也会成为一个更优秀的倾听者。

我们先从工作场合开始，因为和家庭生活相比，工作中人们更能控制自己的情绪。在转战家庭生活前，你将有一周的时间练习你的倾听技巧。

让我们开始吧！

第一周：改善工作中的倾听技能

第一天：观察他人

今天，在工作中，你将化身“便衣侦探”，去观察其他人。根据从本书所学内容，观察一下，在你的工作场合，哪些人善于倾听？写下他们的名字，并列举他们有效倾听的例子。至少列举五个人。

1.
2.
3.
4.
5.

现在，在你的工作场合中，找出不善于倾听的人。你从他们身上的哪些迹象判断出来他们不善于倾听的？同样，写下他们的名字，并举例说明，至少列举五个人。

1.
2.
3.
4.
5.

你想要改善哪些行为（积极和消极的都可以）？换句话说，你想要提高哪些积极行为，减少或者消除哪些消极行为？

第二天：反思你的认知框架和信息滤镜

一天过后，认真反思你的认知框架和信息滤镜对自己的倾听产生了哪些影响。

描述一个今天和老板互动的场景。你在和他或她的沟通中，很可能使用的就是“老板 / 员工”的信息滤镜。在和这个人交流时，你最关注的是什么信息？你又遗漏了哪些信息？根据你的信息滤镜，描述你所听到的。

现在，对你的认知框架稍做改变。如，把你的老板看作另一个员工。现在，你听到他或她说了什么？认知框架的改变会影响你对彼此互动的感知吗？记录你的观察结果。

第三天：记录无意识偏见

正如书中提到的，无意识的偏见会影响人与人之间的交流。观察一下你和某个同事之间的互动，看看你们两个是否有人存在某种偏见？它不一定是种族偏见——当人们对事情的看法影响他们接收的消息时，他们就存在偏见。例如，萨利听见马克被要求加班了。她觉得，马克总是被要求加班，是因为他白天工作时不努力。记录你在今天发现的无意识偏见。

在不同认知框架中，消息接收可能存在哪些不同？

第四天：情绪管理

如果你没有下属，你可以和工作中的其他人做这个练习。

如果你有下属，那么，下次当你和下属的谈话进展不顺利时，你可以练习如下六个步骤，管理自己的情绪。

1. 各自后退一步，关注对方的情绪。
2. 找到情绪变化的源头。
3. 开诚布公地指出他人的感受。
4. 委婉地说出自己的感受，不要用对抗性方式表达。
5. 认可他人的情绪体验。
6. 必要的话，离开房间。

描述这次体验。

第五天：分析倾听者类型

根据下列倾听者分类，找出工作中每种类型占主导地位的人。

忧心者
神游者

打岔者

漠然者

好斗者

分析者

投入者

现在，针对每种类型的人，你如何才能进行有效倾听？

第六天：分析决策风格

找出工作中碰到的具有明显下列决策风格的人。

- **层级型：**这类人做决定前会收集大量信息，并进行分析，做决定时小心谨慎。
- **综合型：**这类人会收集大量信息，并乐于考虑多种选择。
- **果断型：**就某个行动，这类人会利用最少信息快速做出明确的决定。
- **灵活型：**这类人思维活跃、反应灵敏，能够利用少量信息，进行多方位思考。

第七天：解决冲突

下次在工作中与人发生冲突时，尝试根据冲突解决的三个阶段去练习解决冲突。记录你在每个阶段的经历。

与谁发生冲突？

为了什么发生冲突？

阶段一：了解对方的看法。

他们的看法：

阶段二：解释自己的观点。

你的观点：

阶段三：寻找解决方案。

解决方案：

第二周：提高家庭倾听能力

第八天：鼓励对方

这周在家里，我们开始练习鼓励对方。今天，主要对象是私生活中的人，沟通中，说下列话语，引导对方继续，看看是否会得到与往常不同的回应。

- 哦？
- 用什么方法？
- 怎么会这样？
- 和我详细说说。
- 给我举个例子吧。

记录结果。

第九天：生活中的冲突

找出生活中具有明显下列冲突类型的人。

- **狮子型：**这种类型的人看重的是“获胜”而不是彼此之间的关系。他们把冲突看作一场竞争。“我知道，他们一旦看到我的观点，就会改变主意听我的。”这类人秉持的是“我赢你输”的立场。
- **鸵鸟型：**这种类型的人为了避免冲突可以不惜一切。对他们来讲，冲突的存在才是问题。争论问题没有价值，因为它根本不会影响结果。“我宁愿忘记它。”这类人秉持的是“我输你也输”的立场。
- **犬型：**这种类型的人把关系看得比什么都重要，为了维持关系，他们会迁就对方的要求。和狮子型的人完全相反。“好吧，按你说的做。”这类人秉持的是“你赢我输”的立场。
- **鱼型：**这种类型的人就像一群鱼，重视团结协作。他们想要找出一种方法，让每个人都能够从中获益。这类人秉持的是“你赢我也赢”的立场。

确定他人的冲突类型有助于我们走出自己的认知框架，进入他们的框架看问题。

随后的几天练习中，我们将提供一些有趣的小练习，帮助你成为更好的倾听者。

第十天：声音练习

今天的练习是关于非言语倾听的。倾听你周围所有的声音——冰箱电机的嗡嗡声、电脑键盘的敲击声、空调外机的隆隆声……倾听远方（或许并不远）汽车行驶的声音、飞机飞过的声音。倾听人们工作的声音、敲打东西的声音、修剪草坪的声音。倾听人们交谈、大笑和哭泣的声音。倾听你自己的鼻音、你的呼吸。你周围的“气氛”如何？

第十一天：色彩练习

这个练习适合和孩子一起玩，它很有趣。和孩子面对面坐下，让孩子说一个颜色，如“红色”，然后你重复——“红色”。你的孩子说另一个颜色：“蓝色。”你回应：“蓝色。”每一次回应，都重复孩子说过的颜色。

在回应孩子时，加快速度。孩子说出一个颜色，你立刻就重复，让自己努力跟上孩子说出的速度。

练习到最后，和孩子同时说出同一个颜色是很可能的。你会读心术吗？当然不是，而是因为你更加专注了，对孩子给出的线索更加敏锐了。

第十二天：字谜游戏

可以和一群朋友或者家人玩这个游戏。玩之前，在索引卡片上，写下一些情景和行为。例如，“在棒球赛上买花生”。

每组两人，每人选一张索引卡片。一个人表演卡片内容，另一个人猜。

这个练习有助于培养倾听技巧，因为在这个游戏中，要想猜对，就必须认真“倾听”对方的肢体语言。

第十三天：求同存异

可以和伴侣或者配偶做这个练习。一个人说一句话，另一个人重复对方说的话，并表示赞同，然后礼貌地就某一具体部分提出反对观点。例如：

拉里：我喜欢巧克力甜甜圈。

米歇尔：我也喜欢巧克力甜甜圈，但它们的确容易使人长胖。

做这个练习，是为了帮助你提高在不赞同对方时的倾听能力。

第十四天：结束

恭喜你！坚持完成了两周的练习。

现在，让我们总结一下。

- 你最喜欢哪个练习？
- 你觉得自己的倾听技巧是否有所提高？
- 哪些事情你会继续坚持下去？
- 其他人对此有什么评论或意见吗？
- 这些练习中哪些没有起作用？发生了什么？
- 两周练习中，你最大的收获是什么？